现代书院与大学生公民品格

董玉红　龚晓会　邓建兴　著

中国原子能出版社
China Atomic Energy Press

图书在版编目（CIP）数据

现代书院与大学生公民品格 / 董玉红，龚晓会，邓建兴著. -- 北京 : 中国原子能出版社，2020.1（2021.9重印）

ISBN 978-7-5221-0446-1

Ⅰ. ①现… Ⅱ. ①董… ②龚… ③邓… Ⅲ. ①大学生－品德教育－研究－中国 Ⅳ. ①G641.6

中国版本图书馆 CIP 数据核字（2020）第 027187 号

现代书院与大学生公民品格

出版发行 中国原子能出版社（北京海淀区阜成路 43 号 100048）

责任编辑 杨晓宇

责任印制 潘玉玲

印　　刷 三河市南阳印刷有限公司

经　　销 全国各地新华书店

开　　本 787 毫米 ×1092 毫米 1/16

印　　张 9.25　　字　　数 207 千字

版　　次 2020 年 1 月第 1 版

印　　次 2021 年 9 月第 2 次印刷

标准书号 ISBN 978-7-5221-0446-1　　定　　价 54.00 元

网　　址：http://www.aep.com.cn　　E-mail: atomep123@126.com

发行电话：010-68452845

前　言

随着我国高等教育大众化的不断推进，如何创建符合本校特色的创新人才培养的新体制、新模式，培养出一批高素质创新人才已经成为高等教育事业发展的一个重要课题。2010年7月，《国家中长期教育改革和发展规划纲要（2010—2020年）》出台，“育人为本”理念被提到从未有过的高度。一时间，育什么样的人？如何育人？这两个问题引发了教育界乃至社会公众的热议。于是乎“书院制”育人模式呼之欲出，书院研究也逐渐成为学界关注的热点。

现代大学书院是和中国古代书院相对应的称谓。现代大学书院是指近年来我国内地高校在汲取我国古代书院之长，又借鉴香港中文大学书院制经验，以及英美大学住宿学院制特色的基础上建立起来的学生培养新模式。

什么是公民品格？不同学科、不同研究领域有不同的解释。单纯从某个或某些方面理解公民意识，尽管可以起到强调政治、法律、道德、心理在公民意识中的重要性的作用，但都有失偏颇。既然公民属于法律的、国家的、社会的、文化的范畴，从个人与国家、社会和其他公民的相互关系的角度去界定公民意识会更合理、更全面，这也是学界的基本共识。

本书结合现代书院制度，对大学生公民品格进行详细阐述。由于本人水平有限，时间仓促，书中不足之处在所难免，望各位读者、专家不吝赐教。

作　者

2020年6月

目 录

第一章　中国书院文化概述

第一节　中国古代书院文化的传承

要想建设好现代书院，首先必须研究古代书院。翻开古代书院的画卷，其两个方面的特质跃然纸上：一方面是外在样态，另一方面是内在精髓。所谓外在样态，即“书院性”，是指书院之所以成为书院的特质。具体表现在：具有相对独立的物理格局；学生的学习与生活融为一体；老师介入学生的学习与生活。关于书院性此处不再专门赘述，而是将其融入内在精髓中表述。所谓内在精髓，笔者认为是包含了办学理念、教学模式、制度建设、管理模式、师生关系等一系列优秀的传统文化精髓。现代大学教育缺失传统文化精髓的现状以及由此产生的精神危机亟须我们重拾传统，汲取传统书院教育的精华，充分挖掘其在教育理念、教学模式、办学形式、管理模式、师生关系等方面的经验。探索建立现代新型书院的格局，重塑坚持完人教育、追求灵魂卓越的理念，践行以生为本、激发创新的教学模式，形成多元、兼容、开放的办学格局，营造师生参与的民主管理环境氛围，构建平等互动、和谐相融的新型师生关系，是变革时代高等教育和提升人才培养质量的有效路径。

在中国，书院萌芽于唐代末期，形成于五代，兴盛于宋元，普及于明清，清末完成了从书院到学堂的现代化转换。作为我国古代封建社会特有的一种教育组织形式，书院是集藏书、教学与学术为一体的文化教育机构。书院在其发展历史上，建构了一种非官学却有官学成分，非私学却吸收私学长处的新型教育制度。自书院出现以后，中国古代教育便形成了官学、私学和书院三足鼎立、平行发展、渗透融合的格局。可以说，在中国大地上存在了千余年的书院，是我国古代文教事业发展的助推器，是中国文化史和教育史上引人注目的一大奇观。

一、中国古代书院的发展轨迹

中国古代书院之名始于唐代，始建时并非真正意义上的教育机构，仅是官方藏书或私人治学之地。唐朝“安史之乱”以后，国家由盛入衰，民生凋敝，文教事业受到严重冲击，官学的衰弱、士人的失学以及佛教禅宗常入山林修道讲学之风推动了好学之士在山间名胜建屋藏书，读书求学，聚徒讲学。

五代时期，烽火连绵，学校停办，一些文人学者选择名山胜地修建房舍，招收生徒，从而基本形成了真正具有聚徒讲学性质的书院。

书院制度在宋朝得以完全确立，历经了宋初的勃兴、中期的消沉和南宋的大盛。宋初，国家统一，生产发展，生活稳定，士心向学。在此背景下，书院以其强大的生命力获得了较大发展。南宋时期，理学的发展更是促进了书院的兴盛。许多名儒大师为了宣传他们的学术观点，实现他们的教育目标，积极创办书院，讲经论道。南宋时期书院数量之多、规模之大、地位之高、影响之广，前所未有，著名的六大书院——江西的白鹿洞书院，湖南的岳麓书院、石鼓书院，河南的应天府书院、嵩阳书院，江苏的茅山书院即为代表。宋代书院普遍订立了比较完备的条规，这是书院制度化的重要标志，其中朱熹亲自拟订的《白鹿洞书院揭示》，成为书院学规的典范。

元代，书院日益呈现官学化趋势。书院办学的领导权、师资的延聘权、经费的使用权等均由政府主导控制。元代中后期的书院，其山长或洞主由朝廷或地方政府委任，或派员出任，他们是朝廷命官，纳入官制系统；元代书院的直学和教授等须经礼部、行省或宣慰司延聘、审批或在朝廷备案；元政府通过给书院调拨钱物，遣员到书院监督使用，对经费进行控制；此外，元政府还对书院的招生、考试、毕业后的出路等方面严格控制。至此，书院失去了其自由讲学的特质，最后沦为科举的附庸。

明代书院的发展经历了沉寂—勃兴—禁毁的曲折道路。明初，因政府重视发展官学，提倡科举取士，在中央设有国学，在地方设有府、州、县儒学，均由朝廷派官员管理，官学盛极一时，书院因之衰弱。明中叶以后，因官学空疏，科举腐化，书院教育由此复苏，嘉靖以后，发展到极盛。明代后期，由于书院研究学术特质的复归，书院讲学的政治色彩越来越浓，“讽议朝政，裁量人物”，统治者深感“摇撼朝廷”，先后四次禁毁书院，尤其是“洞学科举”的创设，使书院、官学、科举逐渐融为一体。

从元代开始的书院官学化倾向，到清代达到极致。清代书院学习的主要内容是八股文制艺，目的是参加科举考试，获取功名，完全丧失了书院原有的教学风格与学术研究的性质，其独立性和自主性已所剩无几。光绪二十七年（1901），清政府一纸诏令，将各省城书院改为大学堂，各府书院改为中学堂，各州县书院改为小学堂，并多设蒙养学堂。至此，书院制度走完了千余年的曲折历程，最终汇入了近代学校教育的洪流之中。

从形成机制看，中国古代书院的出现绝非偶然，它与儒家思想成为官方哲学这一现象紧密相连，同时又是儒、佛、道三教鼎立、争斗和兼容的产物之一。孔子首创儒学，后经汉代“独尊儒术”后，儒家思想成为封建社会的正统思想。隋唐以后，儒、佛、道三教鼎立局面形成。为与佛、道抗争，宋代理学家理智地吸收佛、道的某些思想再创新儒学。到了南宋，由于外族的入侵、社会的动荡，有识之士纷纷创办书院，潜心研究学问，力图再造先秦儒学的自由讲学之风，借以复兴华夏民族。正因为如此，书院才在宋代勃兴，从而进入私学的制度化阶段。因此，中国古代的书院可谓是介于私学与官学之间的一种特殊的教学组织形式，官方的认可扶助，注重藏书读书、自由讲学、研讨学术之特质，使之兼具了“非官非私”“既官既私”的特征。古代书院虽然废止了，但是其教育理念、教研模式、办学形式、教学方式、组织管理、师生关系等对当今高等教育改革无不具有借鉴和启迪意义。

二、中国古代书院的文化精髓

从唐代建立至晚清教育改制，中国古代书院历经千年之久，留下了宝贵的教育文化遗产。一方面，书院通过藏书、教学与学术钻研，形成了一套具有典型中国特色的书院精神，即彰显价值关怀的人文精神和体现知识追求的学术创新精神；另一方面，书院在长期的办学过程中形成了一套具有中国传统特色的教育体制、管理制度和教学方法。古代书院蕴含着当代教育的需要。凝练古代书院的文化精髓，追寻古代书院固有的精神，内蕴着对现代高等教育革故鼎新的启示。

1. 培养完人的教育理念

完人教育是古代书院教育的核心。从中国古代书院的发展历程中可以看出，各大书院创建的背景尽管不尽相同，创建过程也各有差异，但是，都遵循了“传斯道而济斯民”的办学宗旨。所谓“传斯道而济斯民”，即培养具有高度社会责任感的儒生，使之通向化成天下之路，达到对人间的关怀，也即要求学生追求完人理想，道德与学问并进。南宋朱熹在《白鹿洞书院揭示》中指出，“熹窃观古昔圣贤所以教人为学之意，莫非使之讲明义理，以修其身，然后推以及人，非徒欲其务记览，为词章，以钓声名，取利禄而已也”，他认为教人为学的目的不在于学到杂博的知识和华彩词章以沽名钓誉，而在于明白义理，修己治人，他也正是根据这一教育目的订立为学、修身、处事、待物等方面的规程的。这一学规成为后世学规的范本和办学准则，对后来的书院教育产生了很大的影响。例如，岳麓书院提出了“立言垂教，明伦修道”等办学宗旨。岳麓书院主教张栻主张，创办书院“岂将使子群居族谈，但为决科利禄计乎？抑岂使子习为言语文词之工而已乎？盖欲成就人才，以传斯道而济斯民也”。在张栻看来，创办书院不是为了给生徒提供聚讲纵论的场所和猎取功名的途径，也不在于传授生徒交游唱酬的妙旨巧辞，而是灌输儒家的“天下观”，训导人才经世济民，造福苍生。在岳麓书院中，最值得注意的是乾隆年间书院掌教旷鲁之增订的六条箴规，计《言有教》《动有法》《昼有为》《宵有得》《息有养》《瞬有存》六篇四言诗。此《六有箴》被刻石嵌于讲堂右壁，对于培养岳麓书院学生的道德品行和学识产生了深远的影响。总之，中国古代书院在办学宗旨方面，体现了培养完人的教育理念，既注重学生的国家和社会意识的培养，又关注学生的个体发展。

2. 以生为本的教学模式

中国古代书院在长期的教学实践中积累了丰富的经验，形成了以生为本的教学模式。一是自主研读式。这是书院最主要的教学方法。书院教师较少进行单纯的知识传授，而是高度重视培养学生自主学习的能力，传授给学生研究学问的方法，即授之以渔而非授之以鱼。朱熹在白鹿洞书院和岳麓书院讲学时，在指导学生读书方面提出了许多有益的见解。他的弟子将他指导学生读书的经验归纳为“读书六条”，即循序渐进，熟读精思，虚心涵泳，切己体察，著紧用力，居敬持志。朱熹的再传弟子程端礼在元代主持江东书院时，制定《读书分年日程》，对学生的读书和独立学习进行具体指导：开出书目，分出阶段，厘定出各书先读、后读的程序，标举出各阶段读书的目的与要求等。二是讲演辩论式。古代书院重视学术讲演，在升堂讲说与堂前会讲中，师生之间、生生之间相互质疑论辩，切磋交流，共同提高。吕祖谦在丽泽书院讲学时，认为“今之为学，自初至长，多随所习熟者为之，皆不出于窠臼外”，要求学生“惟出窠臼外，然后有功”。这种问难论辩的教学模式对启发学生思维，培养学生自主学习意识，颇具现实意义。三是因材施教式。古代书院特别注重基于每一个学生的不同需求，对学生进行个别指导，帮助学生个性化成长。明代的王守仁、清初的李喁等大师在分类指导、因材施教方面的佳话至今广为流传。

3. 开门办学的讲会制度

中国古代书院开门办学，通过深入实施“不论门户，兼容并包”的讲会制度，鼓励师生之间交流切磋、学术研讨，呈现出一派“百花齐放，百家争鸣”的景象。书院讲会兴于宋而绵延于明清，主要是师生间通过自由讨论和自由切磋而实现教学相长的一种制度。南宋淳熙二年（1175），史上著名的鹅湖之会，开讲会之先河。吕祖谦为了调和朱熹“理学”和陆九渊“心学”之间的哲学理论分歧，出面邀请陆九龄、陆九渊兄弟与朱熹见面，朱、陆双方的朋友和门生弟子也都参与其中。在这场大辩论中，朱熹侧重“道问学”，陆九渊、陆九龄侧重“尊德学”，双方争议了三天。明代最早的书院讲会为胡居仁讲会，但影响不大。之后，在王阳明的倡导下，明代书院讲会开始兴盛。嘉靖四年（1525）九月，王阳明订立讲会制度，地点在龙泉中天阁，以每月的朔、初八、望、二十三为期。讲会之日，弟子云集，相互砥砺切磋学问和道德。湖南岳麓书院的讲会活动中，不同学术观点的学派亦可在一定范围内进行探讨和论辩，学生自可旁听。如此学术既彰，生徒亦为之启智。到了清代，讲会制度从最初强调不设学派壁垒，主张互相争辩，逐渐演变成为一种有严格制度的学术集会，成为学术发展的重要推动力量。

4. 精简民主的管理模式

中国古代书院不同于普通学校，呈现出管理机构精简化、管理原则民主化和管理方式学规化的特点。首先是管理机构精简高效，一般只设少量的管理人员，如洞主、山长或堂长、院长等，他们大多是“双肩挑”，一方面负责书院的管理，另一方面负责书院的教学。有些规模较大的书院，在专职人员非常有限的情况下，充分发挥学生的主观能动性，由学生中贤能者充任协管之职，实行“高足弟子代管制”。其次是管理讲究自由民主。古代书院的主持人多为民主推选产生，且书院师生均来去自由，很少受到限制。因此，可以说，在长期的办学过程中，古代书院形成了以教授治校为特点的书院管理、有教无类的生徒选拔、德学兼备的严格考核机制、明伦为先的教学内容、形式多样的教学形式、师生互动的教学模式、教研结合的教学特色等一系列的教育管理模式。最后通过制定学规强化管理，书院的学规主要包括为学的方向，为学、修养和待人处世的准则、方法，对犯错的惩治等三个方面。

5. 平等和谐的师生关系

中国古代书院制度始于私学。私学历来有师生关系平等、尊师爱生的传统。书院大师们通常学识渊博、操守高尚，他们不仅德行学问堪称表率，而且乐于传道解惑，坐拥皋比，传布德音，深受学子喜爱。其人格魅力吸引了众多学生慕名而来，虚心求教，尊师之情深厚自然。书院内师生关系融洽，深具情谊。宋末元初的许谦曾经长期在东阳八华山讲学，据说，“其教人也，至诚谆悉，内外殚尽”。正是书院教师的这种“至诚谆悉，内外殚尽”的精神，使之得到学生的尊敬。书院学生往往以得老师褒奖为荣，常年追随老师左右，不但学习知识，而且学习做人，处处以老师作为仿效的榜样。如果老师去世，则有学生继承师业，自建书院，广招门徒，继续传播和发展老师的学说。明末的东林书院就是典型一例，师生共同讲论学术，激励气节，结成深厚的感情，后虽遭政治迫害，师生仍能生死相依，患难与共。此外，王阳明在龙岗书院讲学的场景可谓师生关系和谐的典范。王阳明的讲学不是正襟危坐的枯燥训导，而是不受时间和地点限制，在郊游、聚饮、闲坐时谈学论道。他善于在和学生共同嬉戏中讲学。这种讲学既能让学生在游山玩水中获得学习乐趣，在觥筹交错中提升学术水平，又能融洽师生关系，张扬学生个性，激发求学欲望，在玩乐中点化教导学生。古代书院尊师重道、敬业爱生的精神，平等和谐的师生关系，至今仍有现实意义。

总之，书院之所以成为中国教育史上最具特色、最有地位的教育机构，对中国文化史的发展作出极其重要的贡献，正是在于书院精神和书院制度的紧密结合。培养完人的教育理念、以生为本的教学模式、开门办学的讲会制度、精简民主的管理模式、平等和谐的师生关系等，这些经验均可作为当今高等教育改革的借鉴。

三、中国古代书院文化对现代高等教育的启示

由于近代中国特定的政治社会条件，中国的现代大学并没有继承古代书院制度的精髓，从而导致了现代大学教育与传统的断裂。随着时代的发展，在高等教育大众化背景下，现代大学教育的缺失日益凸显。

（一）中国现代大学教育的缺失

1. 教育理念存在偏颇

教育理念是关于教育发展的一种理想的、永恒的、精神性的范型。教育理念反映教育的本质特点，从根本上回答为什么要办教育这一问题。近代以来，中国高等教育已逾百年，且高校数量已达世界之最，但中国高校很少有自己的个性。晚清民国初年主要因袭德日体

制，20世纪20年代主要向美国学习，中华人民共和国成立后照搬苏联教育体制。在对西方的亦步亦趋之中，中国现代高等教育似乎难以找到自己的“根基和灵魂”。有些教师不愿意将时间和精力投入教书育人方面，而是满足于短期内产生“收益”的科研；有些学生抛弃了关乎人的灵魂的知识的探求，取而代之的是追求平庸的、实用的、流行的东西；科层制影响下的专业化使得许多学生的思维过早地局限于内容范围狭窄、壁垒森严的系科和专业之中，不利于其健全人格的养成。从本质上讲，大学不仅是人类社会的科学脊梁，还是人类社会的道德良心、推动人类社会文明进步的力量和国家民族发展的希望。追求真理、秉持理想以及在坚守优秀传统理念与作为变革前沿之间保持张力，是大学之所以成为大学的基本特质。

2. 教学模式忽视学生主体

扈中平在其《现代教育学》一书中提出，教学模式“实质上是在一定教学思想或教学理论指导下建立起来的，较为稳定的教学活动结构框架和活动程序”。在高等教育高度专业化的育人模式下，我国现代大学无法摆脱以德国教育家赫尔巴特为代表所主张的教师中心论的影响。该理论主张以教师为中心，教学内容上强调知识的完整性和授课知识点的全覆盖；教学方式上主要采取大班集中授课、老师满堂灌的方式；教学手段则比较单一，信息化手段很少运用；课堂互动方面，教师与学生之间缺乏互动和沟通，学生参与教学活动的积极性也不高；学生管理方面，强调统一与服从，学生接受高度同质化的管理模式，很少有自主选择的机会，其内在的需要及个体差异得不到应有的重视，个性难以得到发展，更谈不上创新精神和创新能力的培养。要解决上述问题，亟须探索一种新型的从学生需要出发、尊重学生个体差异、让学生主动参与的教学模式。

3. 开门办学有待进一步拓展

“开门办学”作为一种办学指导方针，就是倡导开放办学，使得高等学校能够围绕国家重大需求，在经济社会发展中发挥更大作用；使得受教育者能够在更广阔的空间、更丰富的资源、更自由的环境中增长知识，培养能力。然而，我国现代大学在开放办学方面，仍然存在诸多不足。首先，校内专业与课程的开放度不够，学分制的实施并不完全。其次，学术研究的开放度不够，学术权威仍然把持领域内的核心观点，有时难以容纳异见。再次，校际合作的开放度不够，特别是在校际相互选课，互认学分方面任重道远。最后，面向社会、走向世界的开放度不够。目前的高等教育与社会需要之间仍然存在脱节，以致经常受到社会的批判与诟病。部分大学也还未展示出宽广的国际视野，在对国际教育形势的追踪和判断上尚缺乏战略性的眼光。

4. 管理体制折射僵化弊端

从总体上说，中世纪大学还是学者自主自治的团体，大学内部没有形成独立的管理人员群体。随着现代大学的扩张性发展，大学变成了一个由许多部门和工作构成的庞大组织系统，大学内部有组织的活动越来越多，不同活动领域之间的协作和依存也不断加强。在我国目前大学规模扩张、职能丰富与复杂化等新形势下，科层制及其表征的行政化管理仍然强势存在。大学科层化的管理模式在有助于保持上下一致、提高管理效能的同时，却带来权力过度向行政系统集中，学术权力难以得到发挥，以及基层的自主权受到忽视等问题。以教师为代表的学术力量在处理大学事务的决策上缺乏话语权，更多地处于被管辖与服从的地位，更勿论占据学校成员绝大多数的学生群体在参与学校管理中的作用。可以说现代教育中教化的隐退和规训的在场形成了教育对人的新的控制，这意味着教育对人的职能化与工具化，也意味着教育越来越成为一种异化人的实现外在目的的工具。

5. 师生关系出现扭曲现象

师生关系是教师与学生以“传道、授业、解惑”为纽带而形成的一种最基本的人际关系。大学师生关系的主流应是民主、平等、和谐的，但是，在我国高等教育的乱象之中，大学师生关系也存在扭曲的现象：师生之间关系不平等，教学为知识的单向灌输，学生的自主性和创造性得不到应有的尊重；受功利主义的影响，在一些大学中，教师“只教书，不育人”的现象依然存在，有些教师在简单完成教学任务之外漠视学生其他方面的成长需要，既无法给予理智的训练，更谈不上人格上的陶冶感化，而学生也几无与教师沟通交流的主动性和积极性，几年下来师生之间“相见不相识”，课堂之外是路人，情感关系淡漠乃至疏离。而更为极端的是，师生摩擦、冲突不断，乃至暴力事件常常见诸报端。

（二）中国古代书院传统文化精髓对变革现代高等教育的启示

反思我国高等教育的现状，我们认为，不能把大学的问题单纯归咎于传统或单纯归咎于与传统的割裂。如何将传统书院教育中的精华融入现代高等教育，推动高等教育变革，值得我们进行深入探索。

1. 重塑“坚持完人教育，追求灵魂卓越”的理念

大学究竟应该培养什么样的人才？这是变革高等教育首先要回答的问题。如前所述，由于受功利主义等思想的影响，现代大学教育抛弃了价值关怀和灵魂卓越的理想，忽视了学生健全人格和高度社会责任感的养成教育，取而代之的是知识的实用化和精神的无操守。在如此教育理念下，培养出来的所谓人才，必将没有灵魂。我国古代书院注重培养具有“完人”特质的儒生，既关注学生个体的发展，又注重培养学生的社会责任感，即所谓“传斯道而济斯民”。这种“以道修身，完善自我人格”和“以道治世，完善社会秩序”之彰显价值关怀的人文精神，即便是在制度重建、文化重建、价值重建的今天，仍然具有重要的价值。

借鉴古代书院“完人教育”的理念，结合时代的发展要求，我国现代高等教育应当坚持“育人为本、德育为先、个性培养、全面发展”的理念，具体而言，就是要培养以德为先，不仅精通专业知识，更要具有宽广的视野、健全的人格、较高的情商、较强的能力和

高度的社会责任感的人才。坚持“完人教育”的理念，就要超越专业化教育的局限，文理渗透、理工交融，以共同生活作为教育形式。坚持“完人教育”的理念，就要打破传统教育中重智育、轻德育，重培训、轻培养的格局，彰显重思想、重品德、重人文、重情智的特色，创建一种将“第一课堂的通识教育课程与第二课堂的非形式教育”融为一体的全新的大学通识教育模式体系。一方面，开设系统化的通识教育课程，鼓励学生了解专业以外的领域，拓宽学生的知识视野，培养学生的人文素养与科学精神，使之成为具有健全人格和高度责任感的社会公民；另一方面，从学校特有的精神和传统出发，以德为先，通过推行非形式教育，给予学生心智上的熏陶。在非形式教育中，特别要充分发挥导师的“传、帮、带”作用，随时指点教育学生，潜移默化地影响学生，在有如家庭般的氛围中注重学生的德行提升与人格完善。

2. 践行“以生为本，激发创新”的教学模式

由于受教师中心论的影响，我国现代大学教育在教学模式上过度强调以教师为中心，无论是在教学内容、教学方式还是在学生管理等方面，均表现为对学生个性特点和个体差异的忽视，很少给予学生自主选择的机会，更谈不上批判和创造精神的培养。实践证明，借鉴学习古代书院自主研读、讲演辩论、因材施教等“以生为本，激发创新”的教学模式，并以此推进我国现代大学教学与课程改革，对于创新人才的培养具有重要意义。

践行“以生为本，激发创新”的教学模式，在教学形式上可采取教师讲学、学生提问、师生互动的方式，也可采用合作学习、小组研讨、翻转课堂等新型教学方式。例如，运用“翻转课堂”，将更多的课堂时间用于学生的质疑问难与辩论研讨，将课堂学习延伸到课堂以外的自主项目研究等。在这样的过程中，让学生自己掌控学习的内容、节奏、风格等，教师更多的是起到协助、引导的作用，满足学生个性化学习的需要。这样的探索，有利于学生主动参与研究性学习，增强学习中的主动性，开发每一位学生的创造潜能，突出学生的主体地位。这种建立在思想自由基础上的自主学习是高素质创新性人才培养的关键，相信其一定会给高等教育带来颠覆性的变革。

3. 形成多元、兼容、开放的办学格局

现代大学在其发展过程中虽从未停止过对开放办学的追求，但无论是在开放办学的广度和深度上还是在开放办学的制度化建设方面，都有诸多不足。而我国古代书院在发展过程中，尊重学术自由，实行“门户开放”的讲会，允许持不同学派观点的学者大师来院会讲，打破门派之见而博采众家之长。书院大师自由流动讲学，传播他们的学说和观点，促进了学术学派的发展和社会文化的传播，形成了学术上“兼容并包，百家争鸣”的繁荣景象。这对我国现代大学开放办学格局的形成不无借鉴意义。

汲取中国古代书院开门办学的精神，加强“门户开放”的制度化建设，应努力构建以多元、兼容、开放为特征的办学格局。首先，在校园共同生活中，为学生搭建不分专业与学科背景的心灵交流、思维碰撞、潜能拓展的平台。在做学术研究时，学生可自由选择导

师，导师也可自由选择学生；导师在导学过程中以项目为引领，建立平等自由的学术会讲制度。以项目、活动为中心，来自不同学科专业背景的学生可以自由组队合作，互相学习交流，不断拓宽视野，共同促进提高。在校与校之间搭建包括公开课程资源、互认学分、交流与竞赛活动等沟通渠道，不仅实现教师讲学的校际流动，而且鼓励学生跨校际学习、合作、竞争。高等教育从来就不是一个孤立的系统，它本身就是社会的一个组成部分，高等学校的人才培养、科学研究、社会服务和文化传承四大功能，只有在融入社会的过程中才能更好地发挥优势。学校只有为学生提供走出校门，融入社会这一大课堂的机会，才能使他们成长为适应社会需求的具有创新潜质的高素质人才。随着国际交流合作的日益扩大，世界各国的大学无一例外地以面向国际的开放办学作为发展前提。我国大学在传统的以教师、学生流动为中心的国际交流机制的基础上，还应当更多地寻求建立校级层面的战略伙伴关系和合作办学的新模式，要更多地借助信息化技术与手段，如开设网络课程和虚拟学习社区等，构建更大程度上的国际化开放式学习体系。从这个意义上讲，多元、兼容、开放办学格局的形成可谓古代书院文化的更新与创造，具有极其重要的价值和意义。

4. 营造师生参与的民主管理环境氛围

现代大学由于规模不断扩张、职能不断丰富，更加强调管理的高效。大学管理的科层化在使人们获得效率、精准、可操作性等好处的同时，也出现了一些弊端。相反，中国古代书院在管理上却体现出机构精简、民主高效的优势，且践行了完人教育的理念。

在一定程度上借鉴中国古代书院机构精简、民主高效的管理特色，积极探索建立师生民主参与的管理体制。在教师参与管理方面，要规约行政权力在学术事务上的越位与干预，充分尊重教师及学术组织在管理学术事务上的作用，确立学术权力在学术活动中的主导地位。在关于学校办学与发展的重大决策中，也要通过各种途径和方式保障教师参与管理和监督的权益。在学生方面，探索学生自律精神基础上的自我教育、自我管理、自我服务模式。在学校议事机构和制度程序中，保障学生的知情权、发言权、建议权、监督权等，使学生有机会了解和参与学校事务特别是直接涉及学生利益的工作。以公寓社区为单位，构建学生自我管理与服务系统，发挥学生的主观能动性，自主探索共同生活的规则秩序，开展丰富的文化活动。通过营造学生主动参与学校公共管理与服务的环境氛围，为完人教育理念和精神的追求奠定坚实的基础。

5. 构建平等互动、和谐相融的新型师生关系

中国现代大学教育缺失的一个重要方面是师生关系的疏离，大学校园普遍存在“只教书，不育人”的现象。而在师生关系的构建方面，中国古代书院积累了丰富的经验，树立了典范。

现代大学可以通过实行全程全员导师制，构建平等互动、和谐相融的新型师生关系。所谓导师制，是以学生为中心的教师指导模式，是建立在学生和教师之间的一种“导学”关系，导师通过经验推动学生知识的内在化，这是创新的宝贵源泉。通过导师制的深入实

施，教师能够为学生提供咨询、帮助和建议，教师的言行举止会潜移默化地影响、感化学生，激发学生的上进心和自信心，把学生引向正确的方向；导师制的有效实施，在高层次上重构了平等互动、教学相长、和谐相容的新型师生关系。

通过进一步凝练中国古代书院文化的精髓，理性分析现代大学教育缺失传统文化精髓的现状及原因，积极探索变革现代高等教育、提升人才培养质量的有效路径，不难看出，批判地继承中国传统教育的精华是当前中国高等教育改革的走向。中国现代高等教育改革需要重塑“坚持完人教育，追求灵魂卓越”的理念，践行“以生为本，激发创新”的教学模式，形成多元、兼容、开放的办学格局，营造师生参与的民主管理环境氛围，构建平等互动、和谐相融的新型师生关系。其中，“坚持完人教育，追求灵魂卓越”的理念是前提，有效激励教师从事导师工作是关键。相信只要坚持融会西学、古为今用，书院的优秀传统必将能够在现代高等教育体系中展现出蓬勃而持久的生机。

第二节　中国古代书院的讲会制度

钱穆曾经认为，中国最好的传统教育制度莫过于书院制度。而我国古代书院制度的精髓便是讲会制度。正是讲会制度保障了自由讲学和通识教育的实施，从而使得自由讲学和通识教育成为保存书院制这一传统的有效形式。对于现代大学来说，无论是书院制还是学院制，类似讲会制度的制度设计都是值得期待的，也是着眼于长远发展的大学生命力所在。因此，此处专门用一章深入阐述中国古代书院的讲会制度。受论辩文化传统的影响，我国古代书院讲会围绕“学术论辩”这一鲜明特色，彰显了其以研促教、自由讲学、质疑思辨这三方面的内涵。在研究式教学中汲取古代书院讲会制度传统中的精髓，需要构建教研协同的育人机制，创造宽松自由的学术氛围，发展基于研究的课程体系，建设质疑思辨的论辩文化。

纵观书院的发展历史，讲会由书院孕育，又与书院融为一体。作为一种制度，讲会的内涵具有双重性：从组织形式上看，它是一种学术团体；从活动方式上看，它又是一种以学术论辩为特色的会讲活动。

一、“论辩”——古代书院讲会制度的文化渊源

论辩有广义和狭义两种释义。广义的论辩，主要包括对话、讲演、辩论等语言交往活动；狭义的论辩是指“彼此使用一定的理由来说明自己对事物或问题的见解，揭露对方的矛盾，以便得到正确的认识或共同的意见”。此处所讲的论辩既指狭义的论辩，又指广义的论辩。

中国传统的论辩文化可以追溯至春秋战国时期，军事上的战火纷飞以及文化上的精彩纷呈使得百家争鸣成为当时最突出的时代特征。与百家争鸣相伴而生的“论辩”之风盛极

一时，并逐渐发展成为一种文化现象。孔子周游列国时，无论是在田间还是在路旁，皆见普通百姓论辩成风。《列子》载有路旁“两小儿辩日”的故事。《论语》中也有在田间劳作的普通百姓责问孔子“四体不勤，五谷不分”的记载。当时，民间论辩之风尚且如此之盛，思想界、学术界乃至政界更毋庸赘言。春秋战国时期的社会变革，为“百家争鸣”思潮的出现创造了时代条件，儒、法、道、墨等各种思想流派应时而生。在治国方略上，儒家提倡仁义，法家高扬法治旗帜，墨子主张兼爱非攻，道家却信奉无为。在论辩风格上，儒家稳重，墨家精细，道家超脱，法家则务实、犀利、霸气十足。战国时期由齐国君王建立的具有学术和政治双重性质的稷下学宫就为“诸子百家”搭建了一个自由发表学术见解的平台。凡到稷下学宫的游士学者，“不仅各学派相辩，同一学派也辩；有先生与先生相辩，也有先生与学生之辩；既与一般人相辩，也同齐王、宰相相辩”，通过辩论，活跃了学术气氛，促进了各学派思想的交流、融合与发展。稷下学宫的自由辩论集中体现了百家争鸣的局面，而诸子百家的学说及其论辩文化对后世政治思想、文化教育的发展产生了深远的影响。

与春秋战国时期论辩文化兴盛紧密相连的是士大夫阶层的形成。“士”是具有政治、军事、法律和外交等方面专门知识的知识分子。他们能言善辩，奔走四方，阐述思想见解和政治主张，为统治者出谋划策，与政治系统相结合。秦汉之后，通过选拔制度的保障，知识分子从“游士”逐渐转变为依附于专制皇权的“士大夫”。他们身兼官员与知识分子身份，在参与政治活动之外，在文化创造、传播方面也承担重责，并延续了自由讲学、论辩之精神。考察书院变迁的历史，我们不难发现，书院的发展，特别是讲会活动的兴起，与士大夫的直接推动和所具有的文化精神直接关联。书院最早源起于唐代一些隐居的儒家士大夫创办的藏书之所。他们创办书院一方面追求士大夫的学者意志，另一方面又无法彻底摆脱官僚的身份。宋初，国家统一，生产发展，生活稳定，士心向学，许多士大夫竞相创建书院，从事专门的讲学活动。南宋中后期，理学的发展促进了书院的发达。南宋理学家继承了儒家大师孟子的雄辩精神，十分重视自由讲学和学术论辩，至此，讲会开始出现。在元代，由于书院的官学化倾向明显，讲会的发展受到阻碍。明代书院讲会规约的出现，标志着讲会制度的完善。明代中叶以后，程朱理学在学术界不再占据主导地位，书院再次掀起讲会的高潮。直至清末书院改制为学堂，讲会才随之淡出人们的视线。

综上，发端于春秋战国时期的论辩，对教育领域产生了不可估量的影响，已然成为中国古代书院“讲会”制度的文化渊源。在“论辩”文化传统影响下，我国古代书院开门办学，通过实行“不论门户，兼容并包”的讲会制度，鼓励师生之间、生生之间交流切磋，呈现出繁盛的学术争鸣景象。

二、中国古代书院讲会制度的学术论辩特色

讲会制度主要是指古代同一书院内部、不同书院之间、书院与地方之间以“讲会”这

一学术组织为平台，以学术论辩式的会讲活动为特色，以推动书院和学术一体繁荣为目标，而形成的一系列规范体系。具体表现在对讲会的周期长短、会主的学术水平、会讲的内容形式、参与的对象范围等方面的规范要求。例如，东林书院的讲会可分为大会和小会两种类型，其中，大会每年召开两次，小会每月召开一次，无论大会小会，持续时间都为三天。小会局限在书院内部人员参加，大会则广泛吸引天下同志讲学。无论大会小会都会推举一人为“会主”，相当于我们今天学术研讨会的主持人或主席。在会讲活动中，首先要求会主阐述“四书”一章，待会主讲完，其余参会人员方能进一步研讨辩论。东林书院第一次大会于万历三十二年（1604）举行，“上自京口，下至浙江以西，同志毕集，相与讲德、论学，雍容一堂……远近绅士及邑之父老子弟或更端而请，或环聚而观，一时相传为吴中自古以来未有之盛”。至万历四十年（1612），在长达八年时间内，讲会从未中断，东林书院堪称“东南领袖，风起四方，真千古一事矣”。

1934 年 9 月，吴景贤先生在其《紫阳书院沿革考》一文中提到，讲会是“书院官学化之后，学者藉以自由传嬗学术自由思想之团体”；“如此自由研究，辩证讨论，实为当时教育中心之一大特色”。很显然，在吴景贤先生看来，讲会的组织形态为学术团体，该团体发展学术依靠的主要方式是论辩。可以说，学术论辩是我国古代书院讲会制度的一大特色。事实上，已发现的史料也证实了这一点。

古代书院学者相互之间学术论辩式的“会讲”开始于朱熹和张栻在岳麓书院的“朱张会讲”。此后，为了倡导学术论辩的风气，吕祖谦于宋淳熙二年（1175）出面组织了著名的鹅湖之会，在书院发展史上产生了重大影响。在这场大辩论中，朱熹侧重“道问学”，陆九渊、陆九龄侧重“尊德性”，双方论辩了三天。但是朱熹并不因此而存有门户之见。淳熙八年（1181），陆九渊受朱熹邀请到白鹿洞书院专门讲授《论语》中部分章节的内容，此举堪称摈弃门户之见的书院“讲会”的典范。至淳熙十四年（1187），由《宋元学案·东莱学案》所记载“其于诸讲院无日不会”可见诸家讲会十分频繁。

明朝初年，著名思想家胡居仁为坚守程朱理学，在江西余干的应天寺和龟峰等地，汇集门徒，创建余干学派，开启了明代书院的讲会制度。明代中后期，论辩式的会讲活动促使书院与学术达到了一体化繁荣的局面。具体表现在三个层面：一是创建性学术论辩，由各学派的大师主持讲会，通过质疑问难，创建各自学派的理论体系；二是传播性学术论辩，由大师的弟子主持讲会，目的在于培植后学，扩大学派空间；三是普及性学术论辩，由具备理论功底的学者主持讲会，通过深入浅出的讲解，使得一般民众能够了解大师的理念和观点。

清代书院的学术，最值得一提的是，通过经史辞章的论辩研究培养了各类考据学大师，尤其是“南方各地书院，已经成为与京师《四库全书》馆并寺共盛的考据学之大本营”。此外，“讲会”还从书院内或书院间的一种教学形式，逐渐走出书院，扩大为社会的学术会议，许多社会公众也可以参加，这样，“讲会”就承担起了一部分社会教育的功能，成为地区学术活动中心。这不仅扩大了书院的教学范围，而且扩大了书院的社会影响力。

三、中国古代书院学术论辩式讲会的主要内涵

1. 以研促教

书院讲会自宋代开始兴盛。宋代书院尤其是南宋书院在教研结合、以研促教方面开创了局面，对后朝历代书院的内涵式发展产生了重大影响。南宋不同的学者都借助书院讲会这一载体，通过学术界的争论，创建学派、培养后学、传播学术，使书院与学术之间形成了一种互为表里、互为倚势、隐显同时、荣辱与共、融为一体的特殊关系。一方面，书院名师本身十分注重学术研究，同时善于将学术研究成果转化为课堂教学的宝贵资源；另一方面，学术论辩式的教学又推动了学术成果的进一步传播乃至书院的内涵式发展。具体而言，名师在书院讲学的同时进行学术研究，并著书立说。书院教研互促的依托是论著。书院的教学内容大多是书院名师的研究所得。通过讲学，这些学术成果会在相互论辩中进一步丰富，为学生编写的讲义以及学生所记录的老师讲课的语录等也可能转化为新的学术论著并得到传播推广。主教岳麓书院达八年之久的张栻，在教学过程中就经常与学生讨论一些学术领域争议较大的难题，从而推动了理学的深入研究。总之，书院讲会通过推崇不拘泥于门户的学术辩论，呈现了“教研互为倚势”的景象。学术争鸣不仅推动了当时学术思想的传播以及学术风气的形成，而且有力地促进了书院的兴盛和发展。

2. 自由讲学

如前所述，学术论辩是书院讲会的特色，而“自由”便是学术论辩的精神与灵魂。书院讲会中名师讲学的“自由性”主要体现在以下几个方面。一是不同学派的名师在尊重学术自由、包容学术异己、弘扬各自学派学术要义的同时，允许不同学术观点的学派在一定范围内深入探讨、自由论辩。二是尊重学生的主体性和差异性，将自由选择老师的权利交给学生。一所书院聘请当世著名学者讲学，其他书院的学生可以慕名前来听讲，不受地域、学派等因素的限制。朱熹、王守仁、顾宪成等大师在书院讲学时，前来聆听、学习、请教的学生常常多得甚至连讲堂都容纳不下。这种自由讲学、自由听讲的做法，对学生而言可以开阔其视野，对老师而言可以促进其学术交流，对书院而言可以扩大其影响。三是名师讲学时间安排灵活，甚至可以不分白天黑夜、清晨黄昏。在龙场书院时，王阳明就常与学生夜间齐聚一堂，在愉悦的氛围中探讨学术，为学生答疑解惑，师友之间平等相待，各抒己见，取长补短，共同进步。四是名师讲学地点不拘一格。古代书院自形成之日起就打破了官学的地域限制，书院名师不仅面向本书院、本地讲学，而且面向外书院、外地外省讲学，如此，讲学地点就从书院内部延伸到了书院外部，书院与书院之间、书院与地方学府之间互相合作，实现了更高层次上的学术自由。

3. 质疑思辨

书院讲会制度中学术论辩的本质是质疑思辨，通过学习不断提出问题，通过论辩不断

解决问题、创建学派、培养学人、传播学说。书院讲会制度中的质疑有多种形式。一是大师与大师之间的质疑辩论。如著名的“朱张会讲”“鹅湖之会”等，通过质疑辩论，营造了宽容的学术氛围，保护了学者治学的积极性，同时有利于学术人才的培养。二是老师和学生之间的质疑问答。一方面是学生提问老师回答。宋明时期，著名的理学家对学生疑难问题的解答甚至被编成了“语录”保留了下来。另一方面，也可以由老师提问，学生作答。朱熹特别重视学生提出的疑难。朱熹在白鹿洞书院讲学的时候，时常与学生质疑问难，不厌其烦。朱熹也很喜欢用抽签的方式，先让学生自由讨论问题，然后由他一个一个地加以评论。陆九渊在质疑问难方法上，与朱熹有着相同观点和主张。他认为学习贵在质疑，疑问的大小决定了进步的大小。学生唯有经过不断提出问题，寻求解决的方案，才能将研习引向深入，最终培养思辨本领和创新精神。三是学生与学生之间的切磋问辩。在大师讲学时，通常有不同书院的学生聚在一起，打破地域和学派的限制，针对不同观点进行自由论辩。同一书院内部的会讲活动中，也常有学生之间的质疑思辨。如岳麓书院就有规定，要求学生每天上讲堂讲一次课，互相提问回答。学生之间讨论和辩论的激烈程度，有时甚至与斯文相违背，但正是这种不愿趋同的求学精神，才使书院培养出一批具有独立思想的人才。书院讲会制度中“质疑思辨”的精髓并不在于由谁发起提问，由谁来回答问题，而在于它的互动精神，在于它对学生思辨能力的培养与修炼。

四、中国古代书院讲会对现代大学研究式教学的启示

研究式教学是指在学术对话的语境中，在师生关系平等互动的基础上，教师以设立课题或提出问题等方式自由引导学生学思并进，质疑论辩，建构知识体系，继而达成教研结合、以研促教的目标。对于研究型大学而言，尤其需要着力倡导研究式教学。古代书院讲会制度的学术论辩特色，及其彰显的以研促教、自由讲学、质疑思辨等内涵，是中国传统教育中的亮色，是最有价值又与现代大学发展最为切合的部分，对现代大学研究性教学的改革有着积极的启示。

1. 构建教研协同的育人机制

古代书院在教学与科研的整合上和现代大学的情况有一定的区别。古代书院是一个融教学与学术为一体的特殊教育机构，其内部没有细分的专门组织来分管研究工作，学术研究是书院教学之本，而书院教学又反过来推动了学术研究的发展。因此，古代书院在承担教学、科研双重职能时，没有出现类似现代大学教学与科研之间的矛盾现象。而现代大学在科研管理方面有专门的组织机构、规章制度，有经费资助，并且建立了比较系统的科研奖励机制和职称评定机制等，因此，教学与科研之间容易产生矛盾，具体表现为教学与科研相分离，重科研、轻教学的现象。

现代大学可以借鉴古代书院讲会制度中教研互为倚势的精神，着力构建教研协同发展的机制。对于教师而言，要能够将科研活动结合到教学之中。在教学理念上，教师要把培

养学生的科研能力和科学精神提高到与传授基本知识和技能同等重要的地位；在教学设计上，教师的教学不能仅仅停留在知识传授和答疑解惑的层面，而是要使自己的教学建立在科学研究的基础上，对学生提出的问题进行理性分析，并从学术研究层面进行有深度、有新意的阐发，启发学生智慧的同时，达到培养学生能力的目的。对于学生而言，要能够将参与科研活动内化为一种学习模式，通过早进课题组、实验室，积极参加各种类型的科研训练项目，培养自己发现问题、分析问题、解决问题的能力和质疑思辨精神。对于学校而言，必须对教师的评价和激励机制进行改革，建立或制订公正、科学的教师奖励机制和职称评定方案，从根本上促进教学和科研之间的相互作用。

2. 创造宽松自由的学术氛围

自由讲学是古代书院的主要教学形式之一。书院的教学主要借助讲会这一学术组织，自由自主开展多种多样的学术交流式的会讲活动。因此，古代书院的讲会制度从本质上看体现的是学术自由这一灵魂。在笔者看来，学术自由不能等同于自由化。它首先是遵守宪法和法律的学术自由，其次是基于科学研究的自由表达；再次是在尊重他人学术观点的基础上，学者之间的平等探讨和互动交流，而不是对与自己相左的观点进行冷嘲热讽。因此，现代大学要创造宽松自由的学术氛围，首先要充分认识学术自由之于大学使命的重要意义。学术自由是一所大学的根基和灵魂所在。唯有充分享有学术自由的大学，才能主动、自觉地走向社会的中心。其次要完善具有中国特色的现代大学制度，重点是通过治理结构的完善，促使行政和学术得到合理配置。最后要允许学术上的失误甚至失败，促使教师潜心研究，不断探索。由于科研不同于生产劳动，收获与付出不一定成正比，科研也不同于经济建设，投入了不一定在短期内能够产出，因此，创造一种宽松自由的、容忍失败鼓励创新的环境，是现代大学推进研究式教学的必然选择。

3. 发展基于科研的课程体系

在研究式教学中借鉴古代书院讲会制度中的学术论辩精神，一个重要抓手就是发展基于科研的课程体系。该体系除了包括定期的专业课程以外，也包括新生研讨课程、通识教育课程、本科生研究项目和高级研讨课程。这四类课程以研讨合作探究的方法加以实施，以连贯性和完整性的课程体系保障学生的批判性思维、交流沟通能力、创新合作精神得到持续发展。其中，新生研讨课注重学习方法、学术兴趣的转换，有助于学生在专业生涯中培养批评精神、独立思考意识和社会责任感。通识教育课程旨在打破学科之间的界限，启迪学术目标，培育人文情怀，掌握学科间的联系，触类旁通，有利于专业学习兴趣的培养。本科生研究项目大多来源于教师的科研，也是以研促教，以项目形式培养学生探索精神和创新思维的极好方式。而高级研讨课程，重点在于集成、拓展、应用学生前三年所学的知识，激发其学术追求和社会责任感，因此，发展基于科研的课程体系，要通过开设新生研讨课，指导新生摆脱应试教育的束缚，完成大学自主学习的适应性转变和学术性转变；要通过改革通识教育课程，吸引名师讲课，以小班研讨为主要形式，让学生在不同的学科领域驰骋，掌握不同学科的研究方法；通过设立高峰课程，实现本科高年级与研究生学习阶段的无缝对接；通过认定第二课堂学术讲座课程和科研项目、学科竞赛的创新学分，全方位提升学生的自主研学能力。

4. 建设质疑思辨的论辩文化

论辩作为人类一种基本的话语实践，具有深厚的文化背景。古代书院在长期的讲会实践中围绕“学术论辩”这一特色，彰显了教研互为倚势、名师自由讲学、师生质疑思辨等主要内涵，这种自由讲学、质疑论辩、互动交流的精神，在书院教育中营造了研究性人才培养的氛围。彼时的书院，完全可以与外国大学的研究院相媲美。现代大学要开展研究式教学不妨加强论辩文化的建设。营造浓郁的论辩文化氛围需要构建完整的论辩文化体系。首先，解放思想，树立论辩育人的理念。提倡基于不同学派的自由探讨，提倡基于不同学术问题的自由讨论，鼓励在科学研究中大胆发表自己的见解，等。其次，构建校、院两级活动互补，官方、民间赛事结合的论辩文化结构，搭建独特的论辩育人平台。第三，在论辩形式上，可以选择注重技巧的辩论与注重内容的论坛相结合的方式，以此拓宽学生的学术视野，培养学生独立思考的习惯和尚思善辩的精神。第四，通过学术论辩促进授课内容和授课方法的变革，推动基于研究的教学和基于研讨的教学。最后，改革创新创业实践教学体系，将论辩文化融入创新创业实践教学平台，强化“论辩”为主的研究式学习。总之，要以尊重、平等为前提，以自由、自主、思辨为内核，构建完整的论辩文化体系。通过论辩文化的引领和推动，突破专业限制，扩大学生的视野，提高学生的创新能力，培养学生的社会责任感，从而有利于大学“人的育成”目标的实现。

第三节　大学书院制的经验及启示

一、港澳台地区大学书院制育人经验

（一）香港中文大学书院制经验

香港中文大学成立于1963年，是目前全港唯一一所全面实行书院制的高校，它继承发扬了英美大学“住宿书院制”的优良传统，又吸纳了中国古代传统书院文化的精髓，经过半个多世纪的发展已日臻成熟，并成为全球书院制的典范。目前，香港中文大学九所书院均独立运作，并有各自的院徽、院训及特色，通过提供非形式教育，推展学术及文化活动，促进学生的全面发展。

1. 香港中文大学书院发展概况

香港中文大学校园坐落于香港沙田区，依山面海，环境优美。港中大的前身由三所私

立书院新亚书院（1949 年）、崇基学院（1951 年）及联合书院（1956 年）合并而成。之后，跟随书院制在港中大的逐步发展壮大，在 1986 年至 2007 年间，先后成立了逸夫书院、晨兴书院、善衡书院、敬文书院、伍宜孙书院及和声书院，共同组成了香港中文大学现在的九所书院。在经历了英国统治与香港回归后，凭借着天下己任的胸怀和精英化教育的精神，香港中文大学不仅继承发扬英国“住宿学院制”的优良传统，实行全校书院制，而且形成了特有的融会东西、贯通中外的精神气质。

（1）崇基书院

崇基书院于 1951 年由香港基督教教会代表创办，为本地首所基督教中文专科以上学院，以切合当时社会对高等教育的需求。学院与欧洲和美国的著名教育团体联系紧密。崇基书院提倡文理兼备的教育，并举办极受欢迎的游学团及海外学习活动。

（2）新亚书院

新亚书院于 1949 年由以钱穆博士为首的一群学者兴办，创校宗旨为在承续中国传统文化，并使其与现代学术结合，令学生不忘本之余，有能力应付现代社会的挑战。书院与耶鲁大学关系密切，亦与中国内地、日本和新加坡多所大学和企业合作开办各类交换、研究及实习计划。

（3）联合书院

联合书院于 1956 年由广侨、光夏、华侨、文化及平正五所专上学院合并组成，五院原为广州及其邻近地区的私立大学，与香港关系密切。书院制订各种计划，以培养学生的创新及企业精神，并推动德育、环境保护及身心健康等特色活动。书院学生可参加交换计划，前往世界各地专科以上学府体验生活。

（4）逸夫书院

逸夫书院于 1986 年由私人捐款成立，以辅导学子培养品德和追求学问为宗旨。2009 年，文康设施装修完成后，书院有了一个新的室内运动场，有助提升书院精神和凝聚力。书院又装修了学生宿舍，改善舍堂生活。书院举行高桌晚宴和提供服务社区机会，开阔学生眼界。

（5）晨兴书院

晨兴书院于 2006 年成立，是一所住宿制书院，以全宿共膳形式给学生提供崭新的书院生活。学生和院长同在书院起居，并可经常与书院委员及杰出访问学人共同进餐。晨兴书院的理念，是创造温暖亲切的校区，让学生在共同的生活中，分享学习、探索和成长的乐趣。书院占地 11 072 平方米，景色宜人，吐露港美景一览无遗。书院全面发展后每年招收 300 名学生。

（6）善衡书院

善衡书院于 2006 年由私人捐款成立，以全宿共膳形式给学生提供崭新的书院生活。书院选址在大学道以北，毗邻体育中心。书院于 2010 年秋季招收首届学生，全面发展后，将招收 600 名学生。

（7）敬文书院

敬文书院于2007年由私人捐助成立，以全宿共膳形式给学生提供崭新的书院生活。书院校舍坐落于逸夫书院及和声书院之间的士林一巷，毗邻伍宜孙书院，建成后可容纳300名学生。书院于2012年开始运作。

（8）伍宜孙书院

伍宜孙书院于2007年由私人捐助成立，为学生提供崭新的书院生活。书院校舍坐落于逸夫书院及和声书院之间的士林一巷，毗邻敬文书院，可容纳600名宿生，另服务600名走读生。书院于2012年开始运作。

（9）和声书院

和声书院于2007年由私人捐助成立，为学生提供崭新的书院生活。书院校舍坐落于士林路旁，地处陈震夏宿舍前方的山谷，可容纳600名宿生，另服务600名走读生。书院于2011年开始招生。

本科生进入香港中文大学后，首先选择书院，其次选择专业，每个学生都兼有书院和学院的双重身份。在不同的书院中，通识教育、宿舍设施及辅导服务不尽相同，学生可以依据本人的学习愿望、兴趣特长等选择进入不同的书院学习，使自己的个性得到更好的彰显。九所书院各具特色的研究方向和精神内涵，培养出一代又一代的国际化人才。

2. 香港中文大学的书院制经验

（1）融中西文化于一体的“全人教育”办学理念

当初，香港中文大学成立是为了发扬中国传统文化，令在港的中国人有机会接受高等教育。而最初组成香港中文大学的三个书院在办学理念上也殊途同归：新亚书院是钱穆先生与一群内地学者在艰苦环境中创办的，怀着振兴中国传统文化的壮志；崇基学院最初的建立者是中国的基督教会大学南迁的学者，以发扬基督教义、借鉴西方文化为东方服务为宗旨；联合书院则由原在广州的五所私立大专组成，以推动中西文化交流、响应时代洪流为己任。在中西方文化的碰撞中，香港中文大学融西方学院制与中国的传统书院制文化于一体，进一步完善了“全人教育”的培养目标，即大学除了提升学生的治学能力，还重点培养学生良好的品格、独立的思考能力和社会服务能力，提升学生作为国际公民的素养，以适应社会的发展需求。

香港中文大学的九大书院虽然有着不同的办学宗旨和文化传承，但都围绕“全人教育”这一培养目标，借助“第二课堂教育”全方位提升学生的能力和素养。一方面，书院推行社区化管理下的导师制，利用导师与学生们“同宿共膳”的机会，在朝夕相处中增进师生感情，充分发挥专业教师在学生事务方面的指导作用，随时为学生的成长提供指引和帮助。另一方面，书院整合各类资源，为学生提供众多与正规课程相辅相成的通识课程。同时，书院还为学生提供一系列的非形式教育，开阔学生的眼界，培养学生的人际关系技巧、文化品位、实践能力等。各书院目前均形成了完善的非形式教育计划体系，活动形式包括讲座、交换生计划、海外交流体验、暑期实习及社区服务计划、学生领袖培训营、学长计划等。香港中文大学逐渐形成了一种以学生社区化管理为平台，以导师制为核心，以通识教育和非形式教育为依托，“四位一体”的特色育人模式。

（2）“大学、书院、学院”三者联动的管理体制

香港中文大学沿袭了英国“住宿学院制”的传统，通常是先有学院，后有大学，书院具有相对独立的运行机制。因此，当初构成香港中文大学的新亚、崇基和联合三所书院，最初都保留了相当的自治权，自主招生，具有管理的自主性和运行的主体性，直到20世纪70年代，随着学校行政管理体制的改革，书院的权力逐步缩小。目前，在招生上，书院在已被大学录取的新生中根据学生自己的意愿进行选拔，大学负责最后的统筹调整；在教学上，书院与大学共同安排，但依然保证书院的特色活动和特色通识课程。如今，香港中文大学与学院的关系就像相对独立的联合体，大学是独立联合体的总部。而书院和学院分工协作，学院作为“第一课堂”提供“学科为本”的专业学术教育，书院作为“第二课堂”提供“学生为本”的素质提升辅导，两者平行发展，相对独立，互不干涉又相辅相成，共同培养人才。

香港中文大学各书院在经济上也基本独立，发展主要依赖于筹募到的私人捐助基金。尽管大学也会给予些有限的拨款，但只能满足书院的部分活动及基本行政人员的薪酬开支，额外聘用人员、奖助学金、基础建设等费用，都须由书院的私人基金支付。可见，港校在市场经济的运作下，已形成了良好的捐赠文化，也积累了行之有效的筹资经验。

香港中文大学各书院由书院校董会及院务委员会管治。校董会负责书院资产管理，也负责推动书院的学术和文化活动。每个书院设有院长、副院长、辅导长、副辅导长、通识教育主任、院务主任、助理学生事务主任、助理主任等职位。院长是书院的学术和行政领导人，辅导长负责处理一般学生事务，为学生提供有关个人问题及经济、学业和人际关系等个人辅导，并且安排学生奖助学金事宜，以及协助学生组织课外活动，通识教育主任负责书院通识教育的实施。其中，院长、副院长、辅导长、副辅导长、通识教育主任均为兼职职位，占其工作量的1/3，而院务主任、助理学生事务主任、助理主任均为专职职位。学生被录取后，学校尽量按其志愿分配于不同书院，学校每位教员与本科生均各有所属书院。

（3）多元兼容开放的社区文化

香港中文大学的社区化管理始终围绕书院文化的核心进行，分为外部设施和内部管理两方面。校园工程不同于常规的商业环境项目，它的用户主要是知识分子，它将潜移默化地影响下一代的心智与教养，它应该成为更高、更好的社会标杆。因此，在外部设施上，每个书院的基础设施都设计得独具匠心。各书院除了有各自的行政楼、宿舍楼、食堂、图书馆、礼堂等供学生休憩、学习、举办活动之外，还有各自独特的地标建筑。以新亚书院为例。在新亚书院学生宿舍楼间，有一座为纪念创办人钱穆先生及其所推崇的“天人合一论”而建造的“合一亭”，亭前水池营造出了水天一色的效果，所谓“一池清水，二树半

抱，非传统园林，有现代笔意”，很好地诠释了新亚书院发扬中华文化的初衷。新亚书院还有一个露天的圆形广场，宛若古罗马斗兽场，是书院学生举办大型活动之所在。广场上建造有两扇围墙，围墙的正面，密密麻麻地雕刻着历届毕业生的名字。它所营造出的深沉的归属感和荣誉感，吸引着每个路过此广场的人们，令他们驻足流连。

内部管理上，香港中文大学的九大书院，均打破了专业的界限，致力让不同文化及语言的学生在共同生活学习中和谐共融，形成多元文化共融的社区。这个社区一方面为学生提供学习生活的场所，另一方面，也是塑造学生人格、培养集体成就感的第二课堂，更是学生学习自我成长的绝佳舞台。书院的社区服务呈现“契约式”的特点，强调学生的自我管理。学生选择书院前，书院会把基本情况、特色项目、奖助学金、交流活动、宿舍章程等信息通过网络等途径告知所有学生，学生进入书院后就按约执行，有特殊情况时，也可以依照一定程序对某一章程进行修改。值得一提的是敬文书院倡导的“诚信誓章”制度。每个进入敬文书院的新生都必须进行“诚信誓章”的宣誓仪式，承诺在学习及日常生活中自律。为了进一步调动学生的积极性和主动性，入住书院的学生有权集体制定宿舍守则，并自行成立宿舍秩序监察小组。监察小组可以对行为不符合誓章要求的同学进行处理。

（4）基于全程导师制的共膳文化

导师制起源于 14、15 世纪，由牛津大学首创，至今仍是英国大学的教育传统之一，后被美国哈佛、耶鲁等著名大学借鉴，成为现代教学模式中的经典。“在实施导师制的大学中，每一位本科生或研究生都被指定一位甚至多位导师（Tutor 或 Supervisor）指导学生的阅读、写作，为学生提供学术指导乃至生活咨询。学生要定期与导师见面，通常也能与导师建立良好的私人关系。英国大学的导师通常由学术经验丰富的教授担当。”在住宿制学院中，导师通过与学生一起生活、一起吃住并共同探讨学术及社会时事，充分挖掘学生的潜力，全方位地提高学生的学术能力和个人修养。

香港中文大学充分继承和发扬了英美高校“导师制”的精髓，每个书院都配有一定数量的导师。这些导师也是双重身份，既是隶属于某个专业学院的专业教师，又被聘请为某个书院的兼职导师。学生在与导师的朝夕相处、共同成长中，加深了彼此的感情，导师也真正成为学生的精神向导。香港中文大学导师制的顺利推行有赖于制度的保障和书院工作者们的敬业精神。各书院均推行共宿共膳制度，在有限的资源下，书院尽可能令全体学生都入住宿舍，导师们也与学生们同吃同住。以善衡书院为例。该书院是可以提供学生全宿服务的书院，因此活动更为丰富，共膳形式更为多样。目前师生共同参与的晚宴有高桌晚宴、师生共膳及文化聚餐三种，在这些晚宴上，书院会邀请社会各界的杰出人物来做演讲。通过“共膳”的轻松形式，导师可以随时与学生分享生活的点滴，及时为学生的成长提供指引和帮助。尽管书院的导师、院长、辅导长、通识教育主任等均为兼职职位，其书院工作只占其工作量的 1/3，而且由于书院的经费紧张，所能得到的津贴极其有限，但他们对于书院工作均尽心尽责，不计回报。导师们也都怀着强烈的使命感，全情投入。前副校长杨纲凯教授，自 2011 年 4 月担任敬文书院院长以来，每天与学生们住在一起，每周有 2

至3个晚上与同学们共膳。由于经常和学生交流，他可以叫出书院每个学生的名字，他以自己的实际行动，表达着对学生深切的关怀，也体会着付出的快乐与充实。

（5）大学通识与书院通识相辅相成的通识教育

香港中文大学是香港开展通识教育最早的大学，半个多世纪以来，经过六次规模不一的改革，其通识教育融合了中国的人文精神和西方的“自由教育”精神，形成了令人称赞的“港中大模式”，而今，香港中文大学依然在不断反思中前行。

香港中文大学的通识课程分为大学通识教育和书院通识教育两部分，两者相辅相成、相得益彰。大学通识课程从正规的学习活动入手，开设为数众多的通识科目供学生选修，培育学生广阔的学术视野和智性关怀；而书院通识则主要从各书院特有的精神及传统出发，通过开办少量学科和举办大量不同的课外活动，对学生做心智上的熏陶。港中大的大学通识教育课程涉及四个方面：中华文化传承、自然科学与科技、社会与文化、自我与人文，课程种类超过200种。书院的通识教育种类丰富，科目包括文化比较、文学、艺术欣赏、音乐、历史、社会研究、大众传播、个人成长、社会服务经验等，规定学生必须修满6个学分才能顺利毕业。

其中，新亚书院的通识课程分为必修科和选修科两部分，必修占4个学分，选修占2个学分。学生在一年级上学期必修“通识教育导论”（课程为讲座形式，邀请不同讲者讲授中国文化、香港社会、大学生活、个人成长等主题，让一年级学生在主修学科外，接触其他学科及知识领域）或“书院、大学与社会”（此课程以英语授课，旨在让学生认识大学、校园生活、个人发展及社会责任等大学教育基本元素），一年级下学期必修“学生为本教学与研讨”（以小组教学形式，鼓励学生探讨学术、教育及社会各类问题。各小组均有老师指导，注重学生主动参与及讨论）。2个学分的选修科目在大二到大四期间完成，选修科目主题如下：西方文化的特质，美国文化与历史，文学欣赏，艺术欣赏，科学与现代社会，女人、男人与文化，辨析人类价值观，新亚精神与新亚先贤的文化教育理想，中国艺术欣赏，西方艺术欣赏，美国文化传播，华人青年成长之旅，中国通史，中西音乐文化欣赏，服务学习计划，香港的非物质文化遗产，媒体生活，等。

香港中文大学通识教育的内容，既凸显中国的传统文化，又引进西方的先进思想，呈现出中西合璧的特质。同时，通识教育的评估机制也在进一步健全中。比如，新亚书院会采取以下措施及时获得教学反馈，以便进一步提升通识教育课程质量：科目及教学评鉴问卷，学生聚焦小组调查，新生及毕业生问卷调查，年度课程检讨，通识教育咨询委员会课程检讨。

（二）香港大学的舍堂制经验

香港大学成立于1911年，是一所国际知名的多元化学府，也是香港历史最为悠久的大学。能在多元化的教育环境下学习一向是香港大学的办学目标。它为学生提供了一个优越、灵活及多元化的学习环境，鼓励学生抒发个人意见及感想，力求发掘学生的才智和潜能，扩展学生的国际社交层面，体会不同文化之间的沟通与交流。

香港大学一向推崇高素质教学，学生都是以小组的形式学习，采用英语教学，特别鼓励学生参加对外交流，接触不同文化。港大毕业生就业率、升学率及薪酬水平均为全港高校之冠。现有建筑学院、文学院、经济及工商管理学院、牙医学院、教育学院、工程学院、法学院、医学院、理学院、社会科学学院 10 个学院，以及其他教学单位，包括研究生院、专业进修学院、数码港学院及其他不属于任何学院的教研单位，如亚洲研究中心、佛学研究中心等教研机构。优势特色专业主要有建筑、法律、生物工程等。

“舍堂”是香港大学为学生（尤其是本科生）提供共同生活的地方，希望通过学生自行组织活动、彼此学习，实现课堂和学术以外的“全人教育”。舍堂主要是住宿性的，也有非住宿性的。香港大学现有十三所住宿舍堂及三所非住宿舍堂。“舍堂教育”的概念源自英国剑桥、牛津等大学的“学院制”，但港大的舍堂从一开始就不具备学院的学术教学及独立招生功能，而衍化为只保留社交和课外教育功能的“舍堂”。

香港大学舍堂是一个独立的实体，有着严密的机构，全面负责学生宿舍事务，解决学生宿舍问题，营造良好的宿舍文化氛围。

舍堂架构如下：舍监—舍堂经理、高级导师、宿生会—导师、楼会。舍监是宿舍的主要决策人，吸纳宿舍成员，推动舍堂教育，制定规章制度，维持宿舍秩序，培养宿生领导才能及“全人发展”。高级导师是负责楼层事务的专职人员；舍堂经理负责宿舍日常运作和后勤工作；宿生会参与舍堂管理，安排各项文娱活动及比赛，干事由每年选举产生。导师由学校研究生担任，负责一个楼层，协助舍堂经理，推动舍堂文化，参与宿生活动；楼会由每层楼成立，推动各项活动开展。

舍堂设有厨房、活动室、休息处等设施，让学生体验家的温暖。宿舍楼内所有活动均由宿生会筹办，体现开放的理念，注重发挥学生的自主意识、主动性。宿生会每月举办一次高桌晚宴，邀请嘉宾演讲，同时设有多个运动及文化组织，包括足球、篮球、垒球、曲棍球等冷门运动及戏剧、远足等。活动经费由每个宿生交会费所得。舍堂的活动多姿多彩，但时间上多集中于晚上至凌晨，而且有部分是住宿生必须参加的。

学生有权就收生（接受学生住宿）及选舍监向学校提出意见，参与宿舍管理。每个宿舍都有自己的舍规，入住需要遵守舍规，违反将遭“驱逐”。很多舍堂每年重新审定宿生资格是基于其在舍堂内活动的表现，希望专注学业或不希望参与太多课外活动的学生只能租住附近的私人住宅或申请非舍堂的学生宿舍。在外租房的内地学生可以得到香港大学学生发展及资源中心的经济补助。

（三）澳门大学的住宿式书院经验

澳门大学近年通过引入住宿式书院、增设荣誉学院、推行通识教育以及增进与海内外高等学府的国际交流等，持续优化本科教育，整体提升学生的竞争力。

澳门大学本科教育中最大的亮点是参考海外一流大学的办学模式，引入住宿式书院，并已于2009年实行书院制，让学生体验书院的好处和乐趣。目前澳门大学共建成十多个住宿式书院，书院宿舍楼内设有接待处、活动室、阅览厅、洗衣房和公用厨房，还有电视机、电热水炉、饮水机和微波炉等设备，每个宿舍均设有独立套房，内设卫生间，并且全天供应冷热水及空调。每个书院的学生来自不同本科专业、年级、国籍和家庭背景。他们与书院院长和部分老师一起生活在书院的院落里，像家人一般亲密融洽。书院为学生创建了一个联系学习与生活的小型师生学习社群。师生可经常一起用膳和进行多元文化的交流。学生可以从中学会从不同学科角度、不同立场来看世界，成为一个全面发展的优秀通才。

澳门大学的住宿式书院计划推行“四位一体”的新教育模式。“四位一体”新教育模式由四个维度构成：专业教育、通识教育、研习教育和社群教育。第一个维度是专业教育：为了吸引更多本地学生留在澳门升学，澳门大学不断改进现有专业教育的品质，同时迎合社会转型需要而开发新的专业领域和新的专业课程。第二个维度是通识教育：以人的成长与培养为核心，关注人的素质和能力的全面发展，改革现行学科设置，重新构建通识课程体系，以通识教育与专业教育融合为途径，实现课程设计上的统一与渗透。第三个维度是研习教育：澳门大学加大对科研领域的经费拨款，为各科研领域提供更多资源，为学生提供各种科研及学习机会。第四个维度是社群教育：澳门大学的社群教育构想不是一般意义上的校园文化教育，而是建立在一定体制和结构基础上的社区环境熏陶与社群互动影响。在住宿书院内，各年级的本科生打破专业及年级，分散到各书院内一起生活，书院的院长、辅导员及部分老师也会与学生同住书院。

澳门大学通过“四位一体”的新教育模式实现全人教育，对于学生的性格养成、学术兴趣、人际网络、价值取向等产生积极正面的影响，在培养全方位领军人才和领袖人才方面具有重大意义。

（四）台湾东海大学的博雅书院经验

台湾东海大学博雅书院设立四个层次的组织架构。其一，院长1名，必须住校。其二，下设博雅书院办公室，分为行政组及学务组，行政组分设行政主任1名、行政助理2名，学务组分设学务主任1名、行政助理4名。其三，导师若干。其四，学长与志工团（学生会）。

博雅书院在导师制和课程设置方面，可以自主选聘高水平讲席教授，以课程为导向，成立博雅书院导师群、中文博雅专班教师群、欣赏系列课程教师群；学生须额外增修学分，以不增加学生学杂费支出为原则。开设六类通识课程，重外语、品德、专长、公民性格和国际视野——文学与艺术类，社会分析及道德的推理类，科学与科技类，外国文化与语言类，等；开设书院必修课程，如东（西）方文明的发展、世界议题、正义与社会责任等；开设博雅讲堂，传达人文精神、科技文明与东海创校精神，每学期举办3场，学生毕业前须出席6场。

博雅书院成长计划颇具特色，有院长与学生夜谈，院长邀请友人与学生畅谈各类时事议题，每学期举办 2 场，学生毕业前须出席 4 场；有东海雅叙活动，邀请各领域精英人士分享经验，培养跨领域通识人才，每学期举办 3 场，学生毕业前须出席 4 场；大三专业课程交换计划；双学位计划；重视师生互动及学习自由，鼓励学生跨系选修或自由转系；重视英语学习；鼓励学生选修第二外语；提供暑期海外研修、交换留学及参与国际志愿者工作的机会；学生须修读书院必修课，额外增修学分，培养以万物为善、服务社会的荣誉毕业生。

二、港澳台大学书院建设对高校书院制改革的启示

1. 进一步加大书院制改革的力度

经过考察，我们了解到书院制是我国香港、澳门、台湾相关大学行之有效的人才培养模式，为高校人才培养改革提供了许多有益的借鉴。目前，教育部的有关文件中已经把书院制作为高校人才培养改革的一大方向。苏州大学书院制人才培养模式改革虽然获得江苏省教学成果二等奖，但与港澳台高校相比，仍有较大的提升和发展空间。我们应该积极探索具有苏大特色的书院制人才培养模式。

2. 进一步完善书院的管理和运行

经过考察，我们进一步认识到完善的管理系统和制度保障是港澳台书院制成功的重要因素。港澳台大学的书院制和学生事务、宿舍管理是融为一体，不可分割的。它们的分层管理制度非常健全：第一层面是书院董事会和院务委员会；第二个层面是书院院长、辅导长、院务主任、学生事务主任等；第三个层面是具体负责宿舍管理的舍监和导师（研究生兼任）。这种分层管理有效地保障了书院的运行。我们可以借鉴这种分层管理模式，改变现有学生宿舍单一的住宿功能，进一步完善现有书院的管理机制，积极探索学生事务的社区化改革。

3. 进一步丰富书院的内涵建设

经过考察，我们进一步认识到书院的内涵建设是书院制改革成功的关键。在书院的内涵建设方面，我们需要加强以下三个方面的工作：一是加强理念认同。通过各种形式（如导师制、师生共宿共膳、高桌晚宴、文化聚餐等），一方面，让老师关心照顾到每一位学生；另一方面，加强学生对书院的认同感，使书院真正成为学生的心灵家园。二是强化道德责任。书院教育应始终坚持以德为先，着力培养学生的道德品质与社会责任意识，使之成为修己自律、奉献社会的有用之才。三是拓宽文化视野。培育适合书院的通识教育课程，打破学科藩篱和专业壁垒，完善学生的知识结构，使之形成更具竞争力的全球化视野。

4. 进一步加大书院制改革的经费投入和政策支持

经过考察，我们更真切地体会到港澳台大学书院的成功很大程度上取决于其充足的经费保障。它们的经费既有大学的整体拨款，也有书院的私人基金。尤其是其高额奖学金吸

引了大量优秀生源。在目前情况下，我们的高校书院一方面要努力争取更多的社会资助，另一方面期望能得到学校更多的经费支持，以便进一步加强书院的硬件设施和软件建设，设立书院独立的奖学金，等；同时，寻求学校在政策上的支持，相信一定能吸引更多的师生投身于书院的改革大计。

对港澳台大学许多毕业生来说，在书院结识的友伴，书院宿舍内的某次促膝长谈或炽热讨论，都是日后回忆的重要片段。书院是紧密的小群体，师生密切交流，朋辈一同成长。所有书院都是独特的，有各自的文化，汇聚在一起，却塑造了大学的精神面貌。

书院是和谐融洽的群体，各有宿舍、饭堂及其他设施。书院注重全人发展，举办各种活动，让学生为自己的大学生活添上色彩。这些活动包括海外交流及外访计划，研讨会，师友计划，社区服务，语文、资讯科技和领袖才能训练，还有多种学生社团组织的课外活动。

书院提供众多非形式教育机会，与正规课程相辅相成，旨在培养学生的人际关系技巧、文化品位、自信心和责任感。学生更可善用奖学金和经济援助计划充分发挥个人成长的潜力。许多毕业生都说，书院生活是他们大学期间最难忘的回忆。

前香港中文大学校长金耀基在《大学之理念》一书中提出，追求真理和学习科学知识是大学矢志不渝的性格，大学的灵魂是教育而不是教化。而传承文化也是高等教育的义务和发展动力之一。“学校教育缺乏文化，会把孩子带到一个抽象、片面的地带，文化的缺失会带来精神的浮躁甚至荒芜……而解决这个问题的关键，就是让学校重新发现生命的意义和文化的价值。”

第二章　书院制德育的模式研究

第一节　书院制德育概述

随着全球化、信息化浪潮的来袭，社会转型的深入，人们的生活方法和思维方式日趋多样化，这使德育工作的开展面临着异常复杂的外部条件。在开放、多元的新时代背景下，高校学生的思想日趋活跃，个体发展诉求越发强烈，这使得高校传统德育面临严峻挑战，弊端日益显现。书院制德育为我国高校德育模式改革创新提供了一种新样式。本章以香港中文大学的书院制德育为研究对象，梳理出其四大德育特色，摒弃其不足之处，汲取其精髓，提出通过优化德育目标、充实德育内容、创新德育载体、改善德育评价，构建符合时代要求的“多元协同型”德育模式。该模式能够为广大德育工作者提供新思路、新方法，还有待在实践中进一步检验其成效。

一、书院制德育的内涵

当前我国学术界对“德育”概念的界定尚未统一，学者们依据其内容范围的宽泛程度，将德育分为“小德育”和“大德育”。小德育作为“道德教育”的简称，主张德育即育德，是狭义的德育；大德育则包括了思想教育、政治教育、道德教育、心理教育、法制教育、人文素质教育和科学精神教育等，主张综合性教育，是广义的德育。目前，我国大多数学者比较认同“大德育观”，他们认为小德育较之大德育显得较为片面和孤立。德育概念除了有大小之争外，也常常与“思想政治教育”相混淆，可以说两者既有重合又有差异。简而言之，德育与思想政治教育的指导思想都是马克思主义，两者的根本目的也基本一致，是为了解决人的思想认识问题。但两者在功能上的侧重点又有所不同，思想政治教育具有明显的政治性和阶级性，侧重于意识形态教育，立足于“社会功能”，而德育追求的是个人人格的完善，以“个体性功能”为主。书院制德育是一种兼顾社会发展和个人发展的“大德育”，既培养学生高度的社会责任感，又帮助学生追求完人理想，塑造健全人格。但由于书院与专业学院在德育目标、德育内容、德育载体等方面不尽相同，因此，书院制德育又有其特殊的内涵。

首先，在德育目标方面，由于专业学院以学科知识传授为主，因此其德育目标侧重学生的智育发展。书院制德育在“全人教育”和“以生为本”理念的引领下，不仅关注学生在智育方面的发展，更关注学生的个人发展，充分挖掘个人潜能，培育学生成为信仰崇高、才识广博、情趣高雅、能力卓越的全方位发展的高素质人才。

其次，在德育内容方面，专业学院以理想信念教育、爱国主义教育、公民道德教育和素质教育为主，而书院制德育旨在促进学生的全面发展，因此其德育内容比专业学院德育内容的四个方面更为广泛且注重实际。书院将德育内容渗透到非形式教育、通识教育课程、日常生活等各种形式中，涵盖了人文情怀、科学精神和创新能力等多个方面。书院制德育内容不仅范围广，而且更贴近学生个人发展的需要，如通过通识教育，帮助学生构建更为完备的知识架构体系，帮助其涉猎不同领域的知识技能，拓宽视野，增长见识；通过各种非形式教育，帮助学生在实践中不断积累为人处世的经验，提高学生的应变能力、人际关系处理能力、团队协作能力、领导力等综合能力。

再次，德育载体方面，因专业学院惯用显性的正面德育方式，故专业学院德育载体以课堂授课、团日活动、专题讲座等为主，而书院作为一个学者的社区、温馨的家园，更易形成亲密友好的人际交往关系，让学生在良好的人际互动中见贤思齐，不断提高自我修养；书院制德育注重实践的作用，通过组织和开展各类非形式教育，使学生在现实经历中，通过自己的切身体验提高思想境界和感悟；全程、全员的导学机制，通过教师指导模式的“导师制”和朋辈指导模式的“导生制”，将德育蕴含在教师和朋辈的言传身教中，更易为学生所接受，德育成效更显著。

综上，书院制德育指的是秉承“全人教育”和“以生为本”的理念，注重德育的渗透性，将德育融合在第一课堂与第二课堂的均衡教育中，在书院“家”氛围的环境熏陶下，通过完善的通识教育课程体系、教学相长的导学机制、亲密融洽的朋辈和师生关系等各类正式与非形式教育，有效发挥书院学生社区的养成德育功能，潜移默化地使学生形成良好素养、高尚情操和健全人格。

二、香港中文大学书院制德育的“多元协同”特色

香港中文大学位于香港特别行政区沙田市，依山而建，茂树荫蔚，占地广达 137.3 公顷，是全港最宽广、最绿意盎然的校园。香港中文大学是一所研究型综合大学，创立于 1963 年，最早由新亚书院（1949 年）、崇基书院（1951 年）、联合书院（1956 年）三所私立书院组成，于 1986 年成立了第四所书院——逸夫书院。香港中文大学以“结合传统与现代，融会中国与西方”为使命，不仅使学生掌握专精知识，而且培育学生的处世智慧，蹈厉奋发。发展至今，香港中文大学的成员书院共有九所，除上述四所书院外，还有五所新成立的书院，分别为晨兴书院、善衡书院、敬文书院、伍宜孙书院及和声书院。这九所书院各有独特的文化背景及所长，可谓各有千秋。值得一提的是，在香港除了香港中文大学以外，再没有第二所书院制大学了。在香港中文大学，书院与大学共存，协调运作，秉

承“以生为本”的理念，共同育人，通过增加师生之间的交流和互动频率，为学生提供全方位、多层次的教育和服务，提升学生对书院和母校的归属感，这种书院制承袭了我国古代书院制的精髓和欧美著名大学的住宿学院制传统，在亚洲顶尖大学中独树一帜。这种书院制下的学生德育活动和校园生活，多种元素相辅相成，凝聚成新的合力，协同育人，独具特色。

1. 专业学院与书院协同育人

香港中文大学下设八个专业学院和九所书院，实行双轨管理制度，即专业学院与书院为两个独立系统，权责分明，平行发展。具体来说，专业学院作为本科生培养的第一课堂，以“学科为本”，主要负责学生的专业课程教学工作与学术研究，制定教学标准和学术规范。由于无须过多参与学生管理等日常事务性工作，故专业学院能致力于提供高水准的专科教育，着重使学生追求精深的学科知识。而书院作为本科生培养的第二课堂，以“学生为本”，除了负责基本的住宿服务和关顾辅导外，更关注对学生的全人教育，通过开展一系列通识教育课程及社区服务、研讨会等活动，为学生提供丰富多彩的非形式教育。

在香港中文大学，每个学生既是专业学院的学生，又隶属于各自的书院，具有“双重身份”，九所书院均有独特的文化传统与特色，如：新亚书院旨在发扬中国传统文化；崇基书院关注博雅教育，以造就学生自由通达的襟怀与心智为主旨；联合书院致力于促进中西方文化交流；敬文书院秉承自助助人的精神，着重培养学生的诚信观念及个体的责任担当意识；等。学生可在入学时，根据书院特色及自己所需，自主选择想要加盟的书院，这从细节上体现了香港中文大学的人本理念。与专业学院相比，书院的规模较小，是大学这一大社群内中的一个小社群，有利于朋辈之间、师生之间密切交流，能够营造一种和谐、融洽、温馨的“家”的氛围，使因大学规模不断扩大而导致师生关系疏离的问题得到解决。同时，每个书院都由来自不同专业、不同年级甚至不同国家和地区的学生组成，这也有助于大学新生结交更多的朋友，拓宽人际脉络，更好更快地融入大学生活。

总之，香港中文大学的专业学院和书院犹如两翼，为学生提供正规和非形式的均衡教育，协同完成对学生的培养工作，使学生不仅掌握扎实的专业知识，并且具备良好的人际交往能力、文化品位，具有勇于担当的精神和较强的社会责任感。可以看出，这种“两院”协同育人的模式，有效改善了高校传统德育中第二课堂缺乏系统性的不足。

2. 专业教育与通识教育协同育人

在香港中文大学，每个学生只有在完成专业的学士课程和通识课程的相应学分（12 ~ 15个学分）后才能获得学位。“通识教育”源于古希腊亚里士多德提出的“自由教育”思想，他认为教育应是对“自由人”进行“自由知识”的教育，要培养人发展自身的素质。在西方，起初通识教育仅在中小学教育中受到重视，19世纪初，美国博得学院的帕卡德（A.S.Packard）教授第一次将通识教育与大学教育相结合，经过长期的发展与变革，现已成为西方大学推崇的重要教育理念之一。简而言之，通识教育是以培养具有广博知识、多元思维、综合能力、博雅精神的人为目标的超越实用性和功利性的跨学科整合教育，使人们在保有自由理想的同时满足现实社会的人才所求，是一种完成“人的觉醒”的教育。

香港中文大学自创校以来就重视通识教育，其通识教育体系发展历程主要分为四个阶段：书院文本的通识教育（1963—1986 年）、书院通识与大学“七范围的通识课程”（1986—1991 年）、灵活学分制与“三范围通识课程”（1991—2004 年）、全面课程检讨与“四范围通识课程”（2004 年至今）。在经过数十载的探索与革新后，香港中文大学的通识教育形成了较为典型的“中大模式”，融会了中华传统的“人文精神”及西方的“博雅精神”。

目前香港中文大学的通识课程体系主要分为两大块内容，即大学通识与书院通识，较完善的通识教育体系是本科学位课程的有机组成部分，其中，大学通识又分为通识教育基础课程和通识教育四范围课程两部分。作为香港中文大学通识课程的核心部分，通识教育基础课程以阅读和讨论中外经典为主，通过探索科学与知识世界的“与自然对话”和反省理想社会与美好人生的“与人文对话”，采取小组研讨的形式，促进师生间的智性对话，培养学生自主学习的能力，奠定大学学习的基础。大学通识教育四范围课程设计（人与其他人的关系、人与自身文化承传的关系、人与物质世界的关系、人与自身的关系）摒弃了以学科为单位划分的固式，进一步开阔学生视野，帮助学生理解不同学科处理问题的学识路径。书院通识教育课程（44 学分）是香港中文大学本科教育的又一大特色，九所书院从各自的文化传统、理念宗旨及独特资源出发，开设少量具体课程和举办大量的课外学习活动，虽其课程不尽相同，但均旨在搭建一个让来自不同学科、不同文化背景的师生切磋砥砺的平台，开展全人教育，充分挖掘学生潜能。

综上，香港中文大学课程设置综合了专业教育与通识教育，专业教育培养技术能力，通识教育发展人格养成。大学通识教育主要通过开设正规课程的形式，侧重对学生独立理性思考能力的培养，书院通识教育主要通过开展各类课外学习活动，侧重满足学生在学术追求以外的人文素养、高雅情操等方面的发展诉求。这种“二元”（专业教育和通识教育）教育协同育人的模式，有效规避了单纯培育“学习机器”的弊端，有助于学生健全人格和高尚情操的养成。

3. 正式教育与非形式教育协同育人

香港中文大学的通识教育不仅有计入学分的正式教育，不计入学分的非形式教育也不可或缺。正式教育主要依托课程的形式，引导学生探索人类智性关怀的四个基本范畴，在此四个范围内，学校精心挑选设计了逾两百门质量上乘的科目供学生们选择。

中华文化传承范畴。通过从不同层面介绍中华文化的多样性及主要特征，能够使学生较为宏观、全面地了解中华文化，进而在欣赏、传承中华文化的同时，透过理性思考，更好地将其与现代社会相融合。这类课程如“中国文化导论”“中国文化与文学”“中国艺术传统”“中国文化与社会”“中国的文化遗产”等。

自然、科学与科技范畴。通过引导学生认识科学发现、科学原理和科学方法，使其能够运用相关理论和方法分析有关议题，反省人类在改造自然中扮演的角色，思考科技给人类生活带来的影响及对未来的启示，如“气候、能源与生命”“物理科学概论”“天文学”“数学赏析”“海洋探秘”等。

社会与文化范畴。通过探讨人类社会的组成过程，使学生了解文化、价值观和信念的多样性，能够理解和分析相关社会表象，介绍分析各种社会、政治、经济和文化现象的理论和研究方法，如“当代社会中的歧视与偏见”“政治与大众传媒”“认识经济指标”“人口问题挑战”“可持续发展”等。

自我与人文范畴。通过探索人类价值信念的多样性，学会理性思考，从更开阔的角度审视自我，加深对自我的认识与反省，进而从更深层次上思考生命的价值和意义，如“批判思考”“哲学与人生”“个人成长”“人类认知”“生命伦理学”等。

除上述培养学生跨学科视野的正式课堂教育外，以书院为载体的非形式教育也是香港中文大学通识教育中不可或缺的一部分，书院作为学院教育的延续，是开展非形式教育的主要场所。基本上每个书院都设有自己的活动室、自修室、咖啡室、厨房和健身房等，这些齐备的设施加上书院温馨和谐的“家”氛围，为开展非形式教育提供了有利的硬件和软件条件。书院的非形式教育种类繁多，形式多样，起到了“润物细无声”的作用，主要有以下几种。

新生导向型露营。以户外露营的形式，帮助大学新生调整好心态，平稳地过渡到大学生活以及融入书院社群，培养学生对书院和学校的归属感。大学新生通过与同学朝夕相处和进行各项户外拓展活动，结交新朋友，领悟到团队合作的精神，锻炼接纳新事物的能力，形成一种积极向上的心态来面对未来的大学生活。

书院聚会。如新亚书院的双周会、联合书院的月会、崇基书院的周会等，这些聚会的形式主要有座谈会、演讲、论坛、文艺表演等。这种固定时间的聚会，注重学生的主动参与和讨论，增加了不同学系生生之间、师生之间交流的频率，有利于消弭彼此间的隔阂，增进感情。

系列文化讲座。如钱宾四的学术文化讲座、余英时的历史讲座、柳爱华的纪念科学讲座等，邀请社会知名人士、政经界领袖、学者及校友等莅校演讲，为同学们解读社会、经济、科技、艺术等多个领域的热点问题，学生在拓宽学术视野的同时，能够有机会与名家交流，锻炼胆识。

共膳文化。共膳是香港中文大学各书院均有的传统，其中以善衡书院、敬文书院的全宿共膳制度最为典型。书院的师生和职员聚首一堂，在轻松的气氛下进餐，畅所欲言，增进彼此之间的沟通。书院的共膳模式分为三种：师生共膳，让师生在轻松用餐之际，彼此分享日常生活的点滴和趣事；文化聚餐，邀请嘉宾与学生就不同主题（不局限于学术，还包括很多人生重要课题）进行深入探讨与交换意见，鼓励同学多与嘉宾交流，以发展自己的兴趣，锻炼与他人沟通的技巧；高桌晚宴，是一种需师生穿着书院院袍参加的正式晚餐，通过听不同领袖人物的演讲及与之交流，拓宽学生的社会视野，提升学生的社会责任感。

交流计划。为配合全球化及多元文化校园建设的趋势，每年各书院均会选派优秀的学生到海外名校如美国的耶鲁大学、加州大学，英国的剑桥大学、牛津大学，日本的亚细亚大学，韩国的梨花女子大学等，参与交流计划，通过这些短期或长期的交流活动，同学们走出国门，开阔国际眼界，多角度体验当地文化、风俗及历史，领略多元文化的魅力，与世界各地的年轻人一起学习、成长，更重要的是将中国文化传播到世界各地，达到沟通中西文化的目的。

除此之外，书院还有各类专项计划及学生活动，如学生领袖培训计划、暑期实习及社区服务、求职工作坊等，涵盖了学生学习生活的方方面面。总之，正式教育致力于拓宽学生的学术视野，非形式教育则注重拓宽学生的社会视野和提升学生的综合能力。这两种教育形式协同育人的模式，促进了学生的均衡发展，很值得我们研究与思考，特别是在实施隐性德育方面有深刻的借鉴意义。

4. 学业导师与生活导师协同育人

在香港中文大学，不仅学生具有双重身份，教师也如此，每位教师必须在负责专业课程授课的同时选择入驻某个书院，为学生课余学习生活答疑解惑。书院按照一定的师生比，并基于共同兴趣为学生分组配备导师，导师均为有丰富生活阅历的成功教授和学者，他们秉承着分享与关爱、回馈社会、为了年轻一代的精神，与学生分享他们的远见卓识，并且根据不同年级阶段发展的需求，制订个性化的导学方案，为学生提供教育和职业发展规划建议与指导。在书院内，学业导师专门为学生进行学术指导，解决专业知识领域内的困惑，同时对学生进行课外阅读、科研项目等辅导，采用互动式教学的形式培养学生的自主意识及科研能力。

不仅如此，书院还配有常任导师，主要负责学生的日常生活与管理工作，帮助新生尽早适应宿舍及书院生活。由于其办公地点就设置在书院公寓内，因此常任导师能够在第一时间内掌握学生动态，及时为学生提供情绪辅导和生活帮助，引导学生走出困境，全方位关怀、照顾学生。另外，书院也配备了宿舍管理方面的社区导师，主要负责为学生提供理想的住宿环境和宿舍管理工作，通过定期举办不同的宿舍活动，以促进不同文化背景的学生的交流与合作。除了以上的学业导师、常任导师和社区导师外，以敬文书院为例，还启动了朋辈辅导项目，即由高年级的学生（导生）在完成相关正式培训后，为低年级学生（受指导者）提供辅导服务，通过导生的经验分享和资源共享，受指导者不仅能够得到学习方面的帮助和指导，更能收获生活上的贴心建议，从而能够迅速适应大学生活，培养自立、自强的精神。该项目不仅惠及受指导者，导生也能够在辅导的过程中与学弟学妹们共同学习，积累人际沟通经验，建立良好的生生关系，并且导生在完成该项目的服务后，书院还将授予其导生荣誉证书。

由此我们可以看出，书院学业导师给予学生专业学习方面的指导，常任导师、社区导师、导生等生活导师给予学生生活方面的关怀照应，使师生在互动沟通中和谐相融，教学相长。这种全员、全程的导学机制，不仅使学生做人、做学问的能力得以见长，也有助于构建互动、互助、互信的新型师生关系，有利于教师对学生进行渗透式的德育。

综上所述，香港中文大学书院制德育的特色可以概括为多元性和协同性，具体表现为：德育部门的多元与协同，由专业学院和书院两个平行发展的单位共同对学生进行德育，第一课堂与第二课堂分工合作，协同做好学生的德育工作；德育内容的多元与协同，由专业教育内容和通识教育内容共同构成，两者互为补充，不仅使学生的智育得到较高发展，而且有助于学生人文素养、科学精神、高尚品格等综合素质的养成；德育方式的多元与协同，通过正式教育与非形式教育的方式，将理论教育方式与实践养成教育方式相结合，相互协作，共同促成学生的均衡发展；德育教育者，包括学业导师、常任导师、生活导师等的多元与协同，为学生提供多方位、多层次的关顾辅导服务，共同为学生的成长成才出力。笔者也由此得到启发，将后文中所要构建的德育模式定位为“多元协同型”。

三、我国高校传统德育的优势与不足

我国自古以来就是一个重视道德教化的国度，孔孟的儒家经典信条将政治教化与道德教化相结合，具有专制性、等级性和保守性的特点，服务于封建统治阶级。正因如此，那时的师生关系形同父子关系，表现为学生对老师的绝对服从，德育内容则局限于对经典文献的记诵和刻板的行为规范训练，德育形式被固化为绝对的灌输，是一种“奴性”的教化过程。由于我国长期处于封建统治制度及小农经济的社会环境，这种绝对化的德育形式在历史长河中绵延不绝，留下了深刻的烙印，影响深远。五四时期，具有民主思想的激进资产阶级知识分子对封建纲常伦理那套形而上的大道理进行大肆鞭挞，极力倡导西方的自由主义教育理念，许多仁人志士都对原有的高校德育提出了积极的改革意见，如时任北大校长的蔡元培先生提出了“兼容并包，学术自由”的大学理念，著名思想家、教育家陶行知先生认为，“修身伦理一类的学问，最应注意的，在乎实行”，倡导学生要注重在日常生活中进行“修身”。可惜的是，由于传统思想的根深蒂固，加之当时人们的思想开化程度较低，这些近代社会贤达的努力收效甚微。中华人民共和国成立后，由于当时特定的国际社会环境，我国高等教育照搬了以凯洛夫的教育理论为基础的苏联模式，虽然其教育理论在当时而言具有先进性，但其本质仍未脱离传统的框架，忽视了学生的人格培养。

人的道德观念由他所处的社会经济关系、物质利益关系所决定，因此，高校传统德育的变革不可能一蹴而就，社会、政治、经济等外部环境的深刻变化，在向高校传统德育提出质疑的同时，也为其革弊鼎新提供了契机。

（一）我国高校传统德育的优势

诚然，我国高校传统德育存在着内容空洞、方式单调、评价形式单一等诸多不足，需要进行批判和否定，但在传统德育向体现时代性的现代德育转型的过程中，我们不能一味地将“传统”与“现代”相割裂，全盘否定“传统”是不妥当的，应当让“现代”吸收和继承“传统”的合理积极的因素，在此基础上进行优化重构。

首先，我国高校传统德育实行至今，形成了较为系统的显性德育课程体系，简称“两课”。“两课”在帮助高校大学生全面、系统地掌握政治理论基础方面起着无可替代的作用，而理论对实践具有重大的指导意义，只有科学的理论才能更好地指导实践，因此，高校大学生拥有过硬的政治理论知识储备，是其践行科学价值观的基础。“两课”的开设是社会主义的本质要求，具体来说，“两课”可以分为三个层次：一是“马克思主义经济学原理”和“马克思主义哲学原理”，旨在使学生理解马克思主义的基本观点、立场和方法，了解社会生产关系和发展规律，掌握马克思主义世界观和方法论，并能用相关理论分析问题，从而提升学生的政治理论素养和思维水平；二是“毛泽东思想概论”和“中国特色社会主义理论概论”，旨在使学生掌握马克思主义与中国实际相结合过程中所形成的理论及其对中国革命、社会主义建设的指导作用和意义；三是“思想道德修养”“法律基础”和“形势与政策”等，旨在帮助学生树立正确的人生观、世界观和价值观，能够将马克思主义的立场、观点和方法与实际结合来认识当代世界政治、经济、社会现象。因此，“两课”作为帮助学生认识世界和改造世界的有力理论武器，是我们在高校德育模式构建探索中应当保留和完善的。

其次，我国高校传统德育具有鲜明的正面导向性。德育目标的设定反映了国家的政治倾向性，是国家意志的侧面体现，任何一个国家，为了稳定社会秩序，发展统治阶级所需的意识形态，都会对社会成员行为进行规范和教导，使他们认可社会主流的价值观念和普遍的行为准则。青年大学生是社会主义现代化建设的接班人和主力军，应当具备良好的政治理论素养和较高的政治觉悟，然而这些高标准、高要求很难自发完成，需要一定的外在引导加以辅助，高校便是完成这一使命的主战场。我国高校传统德育虽然载体较为单一，内容理论性强，难免枯燥乏味，学生在理解和接受时有一定难度，但其鲜明的导向性能够通过正面的理论熏陶，使学生在道德认知的过程中形成积极向上的政治态度和正确坚定的政治立场，用共产主义目标和道德规范严格要求自己，不断提升自己，起到模范表率作用。不难看出，高校传统德育明确了学生的政治方向和政治信念，在坚定大学生政治立场方面发挥了积极的正面引导作用，功劳不容小觑。

再次，我国高校传统德育起到了承上启下的作用，在德育内容、精神上与党中央保持高度一致，继而下传给高校学子及社会大众，很好地扮演了中间纽带的角色。从组织上看，该种传递机制表现为正三角的网状化结构，一方面有利于主流意识自上而下的纵向传递，保障其能够有效进行层层下达；另一方面也有助于主流意识横向渗透于各部门。从内容上来看，高校传统德育的价值指向直接、明了、有力，使学生能够化繁为简，免受多元、另类的价值取向的困扰，直接明了地接触、学习社会主流的价值观念，少走弯路，同时也顺应了舆论一元导向诉求。因此，高校传统德育在弘扬社会主义主流意识方面具有绝对优势，当前我国大学生基本可以正确认识社会发展规律，能够清楚认识到国家的前途命运，明确自己的社会责任，有较强的使命感和责任感，并且其价值判断、道德认识总体还是十分积极健康的。

（二）我国高校传统德育的不足

我国高校传统德育固然有其合理的成分，但就目前我国社会环境处在迅速变化的时代背景下来看，其弊端也日益显现，主要存在着德育内容重理论轻实际、德育方式重灌输轻养成、德育评价重结果轻过程和德育活动重形式轻成效等不足，没有认清社会开放性和多元性的现实，无法调动学生作为德育主体的能动性和创造性，导致了德育魅力的缺失及效果不佳。

1. 德育内容重理论轻实际

我们对先祖留下来的智慧结晶和宝贵精神财富固然应加以继承和发扬，但我们不能仅停留在单纯的继承上，还应当挖掘其时代价值和现实意义，赋予其新的生命力，使其更好地被世人接纳和欣赏。然而，聚焦高校传统德育，其内容存在固化和片面的不足，往往拘泥于高度概括化的理论和抽象化的价值规定，鲜有现实生活所需的实际内容。传统的德育内容教会了学生处理个人与国家、社会、自然的关系，却没有教会学生如何正确地自我认知，如何解决日常生活中的人际交往障碍，与学生的日常生活和经验世界有所脱离，忽视了个体发展的需求。故难以引起学生的共鸣与兴趣，学生的配合与支持程度也较低，学生缺乏学习动力甚至产生抵触情绪，更别提取得学生的认同、理解和内化了。传统德育“大道理”式的内容难以深入学生的精神世界，极易导致德育的形式化和表面化，不利于促进学生优良品德的生成和道德的自主建构。因此，科学有效的德育内容应当掌握好针对性和适度性，紧密结合学生变化和发展了的实际思想动态与需求，不断与时俱进，体现社会的文化特点，彰显时代精神。

2. 德育方式重灌输轻养成

我国高校传统德育方式惯用灌输法和强制实施法，形式简单机械。灌输法是思想政治教育中的一种必要手段，我们应加以合理利用，但传统德育将其泛化和绝对化，演变成了教师讲、学生听的单向传授形式。在灌输的机械传导过程中，教师和学生局限在被固化了的价值知识框架内，教师充当“传导器”的角色，而学生则演变为思想、政治、道德理论知识的“接收机器”，而且教师往往将既成的理论、知识、信仰等强加于学生身上，学生无力反对，只得全盘接受。这种片面的灌输和强制性说教的形式将“德育”异化为“智育”，缺乏对学生人格尊严的尊重。然而相较于过去，当前大学生的自主意识和独立意识空前高涨，思想也异常活跃，传统的居高临下、以威服人式的束缚人性发展的说教方式显然已不合时宜了。并且，传统的灌输式教育主要依赖课堂为其德育载体，忽略了其他途径的养成德育，要知道，良好德行的形成不是靠熟记理论知识就可以的，而是重在实践，应通过各种实践形式，让学生切身体验现实世界与日常生活中蕴含的人生哲理和精神操守。

3. 德育评价重结果轻过程

德育活动必然会产生相应的结果，对德育活动结果的评价是优化德育过程的重要前提，德育评价具有诊断、反馈、预测等功能，有助于我们了解学校德育的现状，从而改进和深化学校德育工作。然而，社会对高校的评估和认可主要考察的是师资队伍、生源质量、科研成果及学科建设等，其中的生源质量指标考察的主要方面往往是学生学业成绩的优劣，几乎不会将学生的心理健康指标列入考察范围内，致使德育评价缺乏科学合理的体系。由于德育的实效性是一个漫长且复杂的进程，学生需经历从自我准则的形成到能够进行自主判断再到逐渐内化为自律这一过程，故难以制定评判标准，高校因此更倾向于追求立竿见影、显性外在的德育效果。在传统德育中，高校将德育评价标准简化为学生"两课"成绩、德育活动开展次数、德育科研获奖次数等量化标准，追求德育政绩，致使德育评价趋于功利化。不但如此，高校传统德育评价主要采取他人评价的形式，取决于教师对学生的单向品德评定，带有明显的主观性，评价结果极易失真。这种他人评价方式不仅缺乏相对的客观性，而且存在着重结果轻过程的弊端，德育评价者往往只关注学生最终呈现出的行为结果，很少分析其行为动机和过程，缺乏行为阶梯评价和过程评价。该种评价模式分离了评价者与被评价者，使学生居于受支配的地位，无法调动学生的内在动力，激励作用难以发挥。

4. 德育活动重形式轻成效

高校传统德育主要以知识性德育为主，虽辅以少量的德育活动，但大多流于形式，成效甚微。从德育活动的目的上来看，大部分都是为了应付硬性指标，配合德育工作检查，等，并不是为了发挥育人功能而开展；从德育活动的开展形式上来看，局限于主题班会、团日活动等，形式"老派"，缺乏新意，用签到、点名等方式强制学生参与，易使学生产生负面情绪，有人甚至将其比作换了一种形式的课堂教育，无法唤起学生主动参与的热情；从德育活动的内容来看，仍然无法脱离忽视学生主体性的窠臼，多以传递重要时政信息为主，未能满足学生的实际诉求，学生面对压力挫折、人际冲突等道德困境时仍会无所适从；从德育活动的设置上来看，具有分散性和临时性的特点，缺乏系统设计和整体规划。所以说，学生的综合素质培养是一项费时费力的浩大工程，需要在主渠道外辅以形式多样、丰富多彩的德育活动来增加其吸引力和感染力，使学生真正地、自愿地参与其中，提高学生的接受度和配合度。

四、"多元协同型"德育模式的构建

高校德育工作是在具体的社会、历史条件下进行的，如今在全球化和信息化的时代背景下，伴随着社会改革不断深入，经济领域、社会领域、文化领域等各社会层面呈现日益多样化的趋势，高等教育完成了从精英化阶段向大众化阶段的历史性转变。这些新的外部环境变化促使着高校由培养高素质的专业型人才向更高标准迈进，要为培养兼具专业素养和心智健全的高素质人才不懈努力。因此，我们应当抢抓机遇、迎难而上，科学地探索高校德育模式构建新路径。笔者在苏州大学敬文书院实习的过程中，系统了解了书院的源起与发展，以及书院制的内涵，并从香港中文大学书院制德育的协同育人特色中受到启发。反观我国高校传统德育，应该在继承其积极因素的基础上摒弃其弊端，汲取香港中文大学书院制德育的精髓，通过优化德育目标、充实德育内容、创新德育载体、改善德育评价，构建“多元协同型”德育模式。

（一）“多元协同型”德育模式的内涵

“模式”一词与英文的“model”对译，“model”一般解释为“结构或构成的方式”或“有代表性的结构或典型”。《现代汉语词典》对“模式”的定义表述为“某种事物的标准形式或使人可以照着做的标准样式”。《培格曼最新国际教师百科全书》中写道，“模式重要的作用是使目的受到最小限制，阐明流程中彼此孤立的要素间是如何组合起来的”。丹尼斯等学者则从传媒学的角度，将“模式”表述为表明“任何结构或过程的主要组成部分以及这些部分之间的相互关系”。综上所述，模式是基于实践原型的高度理论概括，反映某个客观事物内在要素之间的联系，概括起来可以理解为“致力于某种实践活动的简明化理论模型和较稳定的实践样态”。

德育模式最早源于西方的德育理论，在我国作为专门术语出现则始于美国理学者《道德教育模式》一书的翻译出版，目前学术界对于“德育模式”的概念尚无统一的界定。在《道德教育模式》一书中，“德育模式”是“包括关于人如何发展和形成道德的理论或观点，以及如何促进道德发展的一套策略或原则，既有助于我们认识和深刻理解道德教育，也为我们如何更好地进行道德教育提供了帮助”，强调“德育模式”是理论实践于现实的一种方法、策略。班华教授认为，“德育模式”是一种教育模式，运用模式研究的方法，对在实际德育具体现象中的德育经验加以抽象化、结构化，使这些逐步形成的、相对稳定的、较为系统而具有典型意义的德育经验高度凝练，使之成为一种特殊的理论形态，强调“德育模式”是由德育实践上升到理论高度形成的。再有，李伯黍、岑国桢学者认为，“德育模式”是在理性认识上形成的，是一种由道德教育过程中诸多内外因素（各种不同的德育目标、内容、要求、方法、过程以及预期效果）所构成的复杂的本质成分反映出来的。黄向阳也认为，“德育模式”是在德育实施过程中道德理论与德育内容、德育方法、德育理念、德育手段、德育途径等要素相结合的某种综合方式，便于我们对德育实践进行观察、理解和思考。李伯黍、岑国桢、黄向阳等学者侧重“德育模式”是理论与方法的有机统一。

以上学者们对“德育模式”的阐述，笔者比较赞同“德育模式是理论与方法的统一”这一论述。“德育模式”是将德育理论与德育实践契合起来的桥梁，既是德育理论的系统化、可操作化，也是德育实践的经验化、结构化。不妨将“德育模式”的认识理解为是基于一定的德育理论，对德育实践中长期规律性的总结，将德育目标、德育内容、德育载体、德育评价等子系统结合起来的德育理论体系和实践形态。其中，“德育目标”指实行德育模式想要达到的预期目标，是每个德育模式结构必不可少的关键因素，“德育内容”是德育目标的具体化体现，指德育过程中传授的致力于达成德育目标育人标准的内容；“德育载体”是德育过程中教育者与受教育者的中介桥梁，起着承载、传导德育内容和信息的重要作用，恰当地选用德育载体有利于提高德育的实效性；“德育评价”指人们采用科学的方法和正确的途径，并依据一定的评判标准，对德育活动及其成效进行判断的过程。

“多元协同型”德育模式作为一个开放的整体系统，由德育目标、德育内容、德育载体、德育评价四个子系统组成，各子系统下又由相应的闭合系统组成。

德育目标、德育内容、德育载体、德育评价四个子系统共同组成了“多元协同型”德育模式这一开放的整体系统。德育目标闭合系统中，由“他律”上升到“自律”有助于学生将外部的德育要求内化为自身需求，促进学生的“立体”成长，而学生在“立体”成长的进程中又反复地经历着将“他律”内化为“自律”的过程，可以说，“他律”向“自律”的转变和学生“立体”成长是两个相辅相成的因子；德育内容闭合系统中，思想教育、道德教育、政治教育、心理教育、法制教育、人文素质教育、科学精神教育七个因子间相互渗透，协同构成德育内容，使德育内容丰富、全面；德育载体闭合系统中，课堂、学生社区、网络媒介、生活体验、师生关系和“家校社”联合体五个因子间相互协同，使德育载体的选择性变得多样化，同时提升德育载体的针对性和实效性；德育评价闭合系统中，过程化评价和主体多元化评价两因子相互整合，使德育评价更具客观性和真实性。由于协同效应的层层递进特点，各闭合系统间形成的合力促使四个子系统之间同样也存在着协同合力：德育目标对德育内容、德育载体、德育评价起着指导引领作用，是确定德育内容、选择德育载体、制定德育评价标准的重要依据，德育内容、德育载体、德育评价三者又反作用于德育目标，共同为实现德育目标而服务；德育载体是教育者与受教育者的桥梁，教育者可以通过德育载体向受教育者传导德育内容和信息，而德育载体的选择又受制于具体的德育内容，即要根据德育的具体内容选择合适的德育载体，如政治理论知识的传授一般选用课堂授课为载体，对道德认知的感悟一般选用“生活体验式”德育等；德育内容和德育载体的有效性及合理性能够在德育评价中得到反馈，而通过客观、真实的德育评价，可以及时调整和改善德育内容和德育载体。总之，“多元协同型”德育模式内部各子系统间相互协同，形成合力，使德育模式更好地发挥整体效能。

（二）“多元协同型”德育模式构建的理论依据

1. 马克思主义人本论

马克思主义理论由马克思主义哲学、马克思主义政治经济学和科学社会主义三个部分构成，尽管三个部分研究的范畴和对象不尽相同，但有一个共同点，即皆围绕“人”进行研究，可以说，以人为本思想是马克思主义理论的价值目标。在马克思的著述中，他始终把对“人”的认识当作对社会历史现象认识的前提，他认为“人”是社会历史的前提以及创造主体，是一切活动和一切关系的承担者，社会主义社会则是“以每一个个人的全面而自由的发展为基本原则的社会形式”。并且，中国共产党人作为马克思主义的继承者，在马克思主义中国化的进程中很好地延续了马克思主义的以人为本思想，如：毛泽东同志在《关于正确处理人民内部矛盾的问题》中提出了要明确受教育者在德育、智育、体育等多方面发展的教育方针，让他们成为具有社会主义觉悟和有文化的劳动者；邓小平同志在进行改革开放的探索和实践中，始终不忘将人民利益放在首位，全部工作的开展均以“人”为工作中心，“使所有的劳动者过最美好、最幸福的生活”，实现人的全面发展；江泽民同志指出，要努力使全民族的思想道德素质和科学文化素质得到提升，达成人们思想和精神生活全面发展的目标；以胡锦涛同志为首的党中央开创性地提出了“以人为本”的科学发展观，是对马克思主义的又一次继承与创新，是马克思主义中国化的最新成果，具有重要的理论意义；习近平同志紧紧围绕执政为了谁，执政依靠谁，如何执好政掌好权等重大课题，赋予了人民主体地位以全新内涵，逐步形成和确立了人民主体地位思想，对于开辟马克思主义中国化新境界、开创中国现代政治生活新气象、书写中国特色社会主义新篇章具有重要意义。

所以说，以人为本始终是我们党一切工作的出发点和落脚点，是社会其他各领域工作的指导思想之一。因此，为了更好地贯彻和落实以人为本理念，现代高校更应树立以人为本的科学德育观。“多元协同型”德育模式充分尊重德育过程中“人”的作用，积极调动学生的主动性，注重对学生的人文关怀且重视德育实践养成，充分体现学生作为德育主体的地位，以促进大学生更好更全面地成长成才。

2. 马克思主义认识论

在马克思主义认识论的视阈下，首先，认识是主体对客体的反映，但与形而上学唯物主义主张的认识仅是对客观世界消极、被动的直观反映不同，辩证唯物主义认为人们可以能动地认识客观世界。因此我们可以得出，在德育过程中，德育主体与客体也是相对的，脱离了认识客体的主体或者脱离了认识主体的客体，都会失去其本质意义。故在德育模式的构建过程中，我们需要充分考虑到主体与客体之间的这层认知关系，认识到德育目标的达成不单由教育者所左右，也不能仅依靠受教育者，而是要发挥两者的协同作用，加强两者的互动关系。其次，马克思强调了实践在认知过程中的功用，指出实践是认识的来源，是认识发展的动力，是认识的目的和归宿。所以说，在德育模式构建的过程中，一方面，我们要重视对德育模式构建的理论基础研究，用科学的理论指导具体的实践活动，即用德育原理来指导实际德育活动；另一方面，我们要在实践中检验认识的正确与否，善于对实践经验进行总结与升华，即通过德育活动充实与发展德育理论，使之不断完善，进而更好地指导新时期下的德育活动。再次，认识是一个“实践—认识—实践”不断反复的过程，这就要求德育工作研究者积极主动地思考德育模式构建过程中遇到的实际问题，重新认识并创新高校德育模式，使之适应社会大环境的发展及新时期大学生的思想状态，不断地经历“实践—认识—再实践—再认识”的反复过程，不断与时俱进，切实提高高校德育的有效性。

3. 协同论

协同论于20世纪70年代由联邦德国知名物理学家哈肯提出并发展成为一门新兴学科，是从属于系统科学的一个重要的分支理论。该理论认为，任何一个由大量子系统所构成的复杂系统，系统内各要素之间存在相互作用的特点，当外界力量对系统中各要素施加影响达到一定程度时，系统内的各要素最终会在协同效应催化下呈现出协调的态势，达到一种有序状态，从而更好地发挥系统的整体作用。虽然协同论起源于物理学研究范畴，但由于其巨大的理论张力，协同论已被广泛应用于自然科学和人文社会科学等研究领域，“在无生命自然界与有生命自然界之间架起了一道桥梁”。协同论的这种普适性特点，让该理论同样适用于高校德育研究领域，这就使在高校德育模式构建探索中引入协同学理论有了可行性，因为高校德育模式正是由多个子系统（德育目标、德育内容、德育载体、德育评价等）组成的。正确认识高校德育模式各子系统的运行机理并协调它们之间的结构功能，从而使之发挥出协同效应，有助于德育模式整体效能最大限度地体现，同时也为高校德育模式研究提供了新的思维模式及理论视角，创新了高校德育模式的构建路径。

（三）“多元协同型”德育模式构建的实践路径

此处“多元协同型”德育模式的构建并非是对香港中文大学书院制德育模式的生搬硬套，而是结合我国高校院系为主的本土实际，在继承传统德育积极因素的前提下，尝试性地从德育目标、德育内容、德育载体和德育评价环节进行优化，以期弥补传统德育的不足之处。

1. 优化德育目标

德育目标是德育工作的出发点和落脚点，德育模式的各环节都是为实现德育目标而服务的，对德育效果有着至关重要的影响。过去，高校传统德育存在着重他律之“理论”而轻自律之“实践”的情况，从而使养成教育的目标达成出现困难。而“多元协同型”德育模式力求平衡社会发展与个人发展两者的关系，在促进社会发展的同时，也帮助受教育者实现自身价值。

（1）由“他律”上升为“自律”

德育中“他律”指的是教育者以理论教导为主，单向地对受教育传输道德行为规范，受教育者在外界的影响和施压下，处于被这些“纪律”强行支配和控制的地位。在高校传统德育中，德育目标追求的是外部显现的效果，因而，高校习惯以行为规范管束下的学生道德水平来衡量德育效果。但仅靠“他律”这一外部手段，很难使教育者在实际生活中做到知行统一，不利于我国的精神文明建设。“他律”是道德内化的最低要求，“自律”则是德育目标的更高追求。所谓“克己复礼为仁”“君子慎其独”，我国自古就有注重“内省”的良好示范，并且至今仍有积极的现实意义，值得我们继续保持下去。香港中文大学就十分注重渗透式的隐性教育，在书院“家”氛围的熏陶下，通过亲密无间的生生、师生的言传身教，潜移默化地提高学生的道德认知水平，并且通过一系列精彩纷呈的课外活动、专项计划提高学生的道德践行能力，由“他律”内化为“自律”。德育中“自律”指的是受教育者在认同“纪律”的基础上，在自由意志支配下，不断反复地在日常行为中将“纪律”进行践履，使“纪律”内化为“自觉自为”的过程，“道德责任感的高度体现可以由道德个体在日常行为中的道德自律表现出来”。所以，要想培养出具有高度社会责任感的高素质人才，德育目标由“他律”上升为“自律”就成了应有之义。

（2）培养学生“立体”发展

过去，高校往往存在着将“成绩好”等同于“素质好”的现象，德育目标定位的趋于功利化，存在着不合理性和不科学性，导致了德育效能的低下。如今，培养高素质人才的呼声越来越高，学生的自我发展需求也越加强烈。这便要求高校德育不能仅限于单纯的社会功能和政治功能，要帮助学生在心理素质、人文素养、科学精神、创造能力等个人发展层面有所感悟和提升，并且培养学生“关心环境、关心和平、关心全人类的广博世界观”。香港中文大学的全人教育正是这种多维的、整合性的、发展性的教育，在提高学生学术造诣的同时，充分挖掘学生个人的潜能，使学生在社交、审美、情商、德行等各方面多维度地“立体”发展，成为具有社会担当和奉献精神的高素质人才。因此，“多元协同型”德育模式旨在运用课堂、学生社区、网络媒介、师生关系等多种载体，使学生掌握基本的政治理论素养，拥有高尚的道德情操、开阔的视野、健康的心理及高度的责任感，成为心智健全的合格接班人，成为推动我国现代化建设和实现中华民族伟大复兴的强大动力。

2. 充实德育内容

德育内容必须与德育目标相契合，随着德育目标的提升，往常以“两课”为主的德育内容已无法满足培育“立体”发展人才的需求。“多元协同型”德育模式在进行“两课”主旋律内容教育，发挥好政治导向性作用的前提下，在思想教育、道德教育、政治教育、心理教育、法制教育、人文素质教育、科学精神教育为主要内容的基础上，向外扩展，与时俱进，通过加快构建通识课程体系和丰富非形式教育内容，为学生提供生活技能、高雅情趣、待人接物等符合自我发展需求的内容，使德育内容更为充实全面。

（1）加快构建通识课程体系

香港中文大学的通识教育旨在追求“专才”与“通才”的均衡教育，涵盖科技、人文、自然、哲学等多个领域的课程设置，不仅有利于学生形成多方位、多层次的知识架构，而且能够使学生更深刻地认识自我、感知社会、领悟生活真谛，培养其人文素质和科学精神。人的全面发展是“通识教育”的价值追求和终极目标，其实质是“一种建立人的主体性并与客体情境建立互为主体性关系的教育，也就是一种完成‘人的觉醒’的教育”，因此可以说，“通识教育”是一种发展综合素质的教育。我国自 20 世纪 90 年代在高校教育领域进行通识教育“试点”以来，已走过了二十多年，历经了由“加强基础教育，淡化专业”到“强化人文素质培养”再到“融入课程与教学改革”的过程，形成了“全校性选修课模式”及“通识教育本科学院模式”等样态。发展至今，“通识教育”这一理念在我国高校已得到广泛认同，但就整体发展状况来看，在实际操作上仍存在一些误区，如趋向“专门化”、分割式的课程衔接，零散学分认定制，课程结构不合理等，遮蔽了通识教育的精神实质，无法将通识教育的积极作用完全发挥出来。而通识教育主要是通过通识课程进行的，故通识课程的设计合理性将左右通识教育的效果，因此，如何科学合理地进行通识课程设计就成为通识教育改革的长期难点。通识课程理应涉及人文、社会、自然科学等多个领域，但如果仅是将这些课程简单地叠加起来，就会导致通识课程出现无重点的杂乱及冗余现象，无法实现各课程间的整合性和衔接性，偏离了通识教育的根本理念。我们关注到，在拥有较长通识教育历史的美国，其通识教育课程虽然科目繁多，但西方人文经典始终是其核心课程；香港中文大学的通识体系经过数十载的探索，形成了以“与自然对话”和“与人文对话”为核心的通识课程体系，提升学生的人文素养，培养学生的跨学科学习能力，不断提高其科学精神和创新精神。此处，“多元协同型”德育模式效仿先进，遵循目标性、整合性、多元化的原则，尝试性地以“核心能力培养”“自然人成长”“社会人成长”“道德人成长”“国际人成长”五大模块课程的构建为切入点，结合必修与选修的形式，以期通过深度阅读、人文熏陶、思维训练等方式，促进学生综合素质的提升，努力实现学生“立体”发展的德育目标。

（2）丰富非形式教育内容

高校传统德育活动的主题设计大多跳不出“两课”的框架，偏离了培育“立体”发展学生的德育目标。“多元协同型”德育模式结合时代主题，在非形式教育中加入国际视野、领导力培育等多种内容，使学生在深度转型的社会中能够更好地实现自我价值，提高自身综合能力，与国际接轨。

开阔国际视野。香港中文大学各书院每年都会开展交换生计划、学生访问计划等项目，为学生提供短期或长期的出国交流学习机会，开阔其国际视野。因为随着全球化、国际化趋势的日益显著和社会开放程度的不断加深，站在时代前沿、具有世界性眼光的现代社会精英更能够在当下激烈的人才竞争中脱颖而出。“国际视野”指的是能够站在寰球的高度，理性地认识现今国际社会，认识自身权利和义务，以身作则，在国际交往中表现出得当的行为与态度。因此，我们可以通过组织和鼓励学生多参与海外交流学习活动，让学生切身体验世界不同的文化与文明，通过跨文化交流提高国际交往能力，展现应有的礼仪与风范，同时可以在参与国际热点、难点问题的讨论过程中获取前沿知识，不断培养以创新能力为核心的科学精神。

领导力培育。领导力是一种特殊的人际影响力，是综合能力和综合素质的高度体现，现已日益成为高校人才培养的重要课题。耶鲁大学校长理查德•莱温教授在一次访谈中曾说过，耶鲁大学的辩论赛小组、社区服务小组、撰写新闻小组等200多个课外小组是培育领袖的摇篮。香港中文大学的敬文书院、联合书院专门制订有领导力培育计划，以发掘个人潜能，培养学生的领袖才能和品格。可见，多途径的社会体验和团体活动，对个人领导力的提升有着关键作用。因此，我们可以通过制订一套包含工作坊、研讨班、社区服务、企业实习、领导力夏令营等组成的领导力培育计划，让学生不断积累和加强应变能力、决策能力、合作能力、组织管理能力、人际交往能力、语言表达能力等领导力所需的核心能力，以切实满足学生“立体”发展的需求。

3. 创新德育载体

德育载体是将教育者与受教育者相联系的环节，具有承载和传导具体德育内容、信息的重要作用，选用恰当的德育载体有助于增强受教育者对德育渗透的接受度和配合度，能够更有效地达到德育的预期效果。高校传统德育枯燥、空洞的知识讲授方式很难引起学生的共鸣，课堂上“低头族”现象日益严重，学生对德育活动的参与度也不高，德育效果不尽如人意。“德行的实现是由行为，不是由文字”，只停留在“纸上谈兵”、空喊大口号的层面，而不亲自践行是无法形成良好德行的。“多元协同型”德育模式将“学科教学”与“实践感悟”相结合，关注学生的切身体验，多方位渗透，寓教于乐，利用课堂、学生社区、网络媒介、生活体验、师生关系和“家校社”联合体等多种载体，在潜移默化中促使学生良好素质的养成。

（1）学生社区养成德育

学生社区是高校大学生除了教学区以外，活动时间最多的区域，是高校大学生课余生活、休闲娱乐、人际交往的主要场所。香港中文大学为学生配备了生活导师，提供了良好的住宿条件和温馨氛围，便于书院共膳、朋辈辅导计划等活动的开展，很好地发挥了书院第二课堂的重要作用，有助于学生在课余生活中养成健全人格和良好素质。遗憾的是，高校传统德育过于倚重课堂作为德育载体，使学生社区仅发挥了基础的生活服务功能，并未很好地利用其具有的养成德育功能。有了前车之鉴，“多元协同型”德育模式便选择在学生社区开辟德育新战场：首先，除了由后勤部门的“宿管”做好社区规章制度管理工作外，将相应单元、区域（如楼层、幢数等）划分为若干负责区，根据学生比例为每个负责区配备“生活导师”，主要进行学生社区文化建设工作，引导和帮助学生做好社区文化相关工作，通过开展形式多样的社区文化活动，如生活知识问答竞赛、各传统节日有关活动等，促使学生在良好的社区文化氛围的影响下，于日常生活中养成良好的行为习惯及优秀的个人素质，共建文明和谐的学生社区；其次，加强学生社区的硬件设施建设，香港中文大学书院制德育之所以能够有效开展，很大程度上得益于书院完备的设施条件，但目前我国高校的学生社区以宿舍居多，能够开展集体性活动的公共区域为数甚少，无法为聚会、聚餐等第二课堂的开展提供有利的硬件条件，可见，齐全的设施是学生社区养成德育功能得以实现的重要外在条件；再次，设立社区学生自律委员会，尊重学生主人翁身份，鼓励其参与到社区建设、社区管理和社区服务中，在学生参与社区事务活动中积极发挥学生社区养成德育的作用，不断提高学生自我服务、自我管理、自我教育的能力，形成生活导师、后勤宿管、学生自律委员会“三管齐下”的多层次学生社区管理架构；最后，高等教育的大众化趋势，使得高校学生数量激增，相同专业和班级的学生被分散安排居住在不同的宿舍区域，这就使以班级、专业为单位的党团组织不便于在学生社区中开展德育工作，因此，加快在高校党组织的领导下促成学生社区党团组织的建立，凝聚社区党员力量，在社区生活中履行党员职责与义务，在服务学生、形成良好学风、构建和谐社区等方面发挥先锋引领示范作用，为学生社区的养成德育营造积极向上、争优创优的良好氛围。

（2）网络媒介德育

进入 21 世纪以来，随着信息技术的迅猛发展，互联网的触手已慢慢渗入人们生活、学习的各个领域，如今我们更是踏入了“自媒体”时代，以微信、微博等为代表的自媒体，逐渐成为我们发表言论、获取信息的主要平台。网络的虚拟性、开放性使大学生周遭充斥着各种有效和无效信息，这对高校学生的信息甄别能力、自我控制能力等各方面都提出了更高要求，如何在繁杂多样的网络环境下做好高校德育工作也成为时下重要的课题。“多元协同型”德育模式紧跟时代步伐，创新网络载体进行德育。如：积极主动开辟高校德育网络主阵地，设立德育工作网站，建设专门德育网页，解读大学生关注的热点、难点问题，通过网站留言板、讨论区等模块与学生进行双向互动，为学生排疑解惑；加快“两课”网络进阶式课程的建设，打破枯燥单一的课堂授课形式的局限，使学生不受时间、空间限制，能够自主合理安排时间，利用校园网络进行“两课”学习。针对个体化、圈群化、多样化的自媒体，在个人层面上，教师可以通过与学生微信、微博、飞信等渠道的互动，及时了解学生日常思想动态；在学校层面上，信息技术部门可以通过开发“掌上 App”软件、创建自媒体公众号等途径，向学生不间断地、及时地推送时政要闻、会议精神、中央文件解读等重要信息，使学生在“刷手机”的同时利用好碎片化时间进行学习。

（3）“生活体验式”德育

“生活的需要是道德的源泉，道德的形成离不开以物质生活为基础的社会性交往”，生活是人们实践的主要场所，但由于高校传统德育以培育“知识人”为主，学生缺少对生活世界生动的主观性体验。香港中文大学则向来重视德育的渗透性、隐蔽性，将德育寓教于各种非形式教育中，使同学们在书院共膳、社会服务等实际生活经历中培养道德践履能力。因而，为了使学生的道德认知与道德行为知行统一，“多元协同型”德育模式在对学生进行理论传授的同时，积极为其创建道德情境，使其在真实生活中锻炼道德判断能力和提升道德敏感性。除了积极引导学生参与校园活动外，更鼓励学生走出学校这一“温室”，将德育情境向广泛的社会延伸，让学生尝尽“生活百态”，领悟生活内涵。如：组织导向型露营等户外素质拓展活动，锻炼学生自立自强和团队合作能力，提高自我适应能力，更好更快地融入新环境；鼓励学生参与义工、社区服务等活动，通过劳动培养学生的服务和奉献意识，不断提高自身觉悟；提供社会实习机会，让学生在毕业前提早接触职场，了解该工作岗位所需具备的专业技能和业务能力，锻炼职业素养，等。显然，这些通过切身经历体验获得的感悟往往比一堂德育课、一次班会更为真实而深刻，能够有效地引导学生有意义、有道德地生活，形成健康的人格和积极的生活态度，彰显德育本质。

（4）“师生关系型”德育

教学活动是教师与学生之间的交往过程，师生关系作为该过程中的一种隐性因素，是教师进行言传身教的重要载体，对学生良好综合素质的养成作用是难以估量的。香港中文大学书院制德育便开展师友计划、互动式的小组讨论及师生共膳等项目，使师生之间能够以平等、自由的方式进行交流讨论，大大增加了生生、师生之间的亲密度，有利于形成互助互信的师生关系。然而，高校传统德育中师生关系局限在知识的传授和接受层面，往往致使师生关系出现了疏离甚至对立的现象，遮蔽了其固有的德育价值。“多元协同型”德育模式意识到师生关系的重大潜在价值，对其加以利用，在授课形式上采用师生多维互动形式，如多媒体教学法、案例讨论法、情景模拟法等，教师改变以往“独裁者”的姿态，以平等地位与学生进行交往互动，激励学生自由、开放地表达自己的想法，充分调动其积极性和主动性。此外，仅靠书记、辅导员、“两课”教师挑起高校德育工作重任是无法有效应对高等教育大众化背景下师生比例失衡引起的德育工作挑战的。“多元协同型”德育模式改变以往专业教师在德育工作方面参与度低的状况，按照一定的师生比，实行“全员导师制”，使专业教师也投身于德育工作，壮大德育工作队伍，通过定期的导师辅导、师生共膳等形式，使师生深度互动，畅所欲言，既便于教师因材施教，又有助于学生个性化发展。同时，教师的人格魅力是师生关系中的关键因素之一，对大学生成长成才起着重要的激励作用，教师要意识到自己的言行举止对学生的影响力，通过加强自我修养、掌握渊博学识、培养爱生之情等，不断提升自我的人格魅力，做好大学生的“灵魂导师”，有效发挥师生关系在德育中的重要作用。

（5）“家校社”合力育人

良好德行的养成是一个长期、复杂且系统的过程，仅凭高校一己之力就想做好德育工作是不切实际的，因为德育工作不会因学生的离校而停止，相反会向家庭和社会延续。但就当前的实际形势来看，开放的社会激荡着各种非主流价值观念，干扰着学生形成正确的价值取向，加之如今高校学生群体以“95后”的独生子女为主，家长对其关爱有加、呵护备至，有些家长甚至出于溺爱，对子女沉迷玩乐、不思进取等现象听之任之……以上种种都从侧面反映了家庭、学校、社会三者间在德育步调上的不一致，使德育成效大打折扣。所以，高校德育工作亟须形成学校、家庭、社会三者协同育人的合力，以连续德育时间、贯通德育空间，重视家庭教育基础、巩固学校教育主阵地、联合社会各教育力量，发挥家庭、学校、社会多领域协同育人作用，汇聚成一股德育合力。德育目标趋同性，即三者的德育方法、步骤可以不完全一致，但要始终保持育人目标的一致性；德育理念贯通性，即为避免拥有不同德育理念的德育主体对学生进行德育，错使学生形成“双重人格”，三者在德育思想和理念上要达成共识，基于共同理念对学生进行德育，塑造其健康人格；德育过程交往性，即三者不能相对封闭，要通过互动进行相互渗透和调适，促进整体协调有序运作；德育内容互补性，即三者德育各有侧重点，互为补充，使德育内容全面完善；德育资源共享，为了提高资源利用率，可以将三者的人员资源、场地资源、活动资源等多方面资源进行有效整合，实现资源共享。

4. 改善德育评价

德育评价是德育模式中不可或缺的部分，德育工作者要在对德育实践现状进行分析审视后，及时对有碍德育预期效果达成的因素进行调整，提高德育有效性。而高校传统德育的“结果性评价”和“他人评价”的形式，无法积极发挥德育评价应有的诊断反馈、管理、教育等功能。因此，“多元协同型”德育模式将“结果性评价”与“过程化评价”相结合，将“他人评价”与“自我评价”相结合，使德育评价发挥应有功效。

（1）德育评价过程化

受功利主义的影响，高校传统德育以显性的“分数”作为统一评价标准，该种评价形式仅能体现学生在群体中所处的相对外在素质水平，而无法触及学生在素质养成过程中的阶段性进步和发展，忽略了学生的个体差异性和素质水平发展的层次性。要认识到，学生良好素质的养成是一个长期的渐进式前进的动态化过程，因此用“以考代评”这一“最简化”的评价方式，是无法对学生的思想道德状况、心理健康水平、人文科学素养等作出真实、客观而全面的评价的。因此，“多元协同型”德育模式试图构建类似“德育成长记录册”“德育日历”式的评价形式，评价重心向学生日常化的认知发展状况和素质行为养成转变，细化评价标准，提高德育评价频率，及时掌握学生的思想动态，了解学生个人成长的现状及需求，最后将过程化评价与结果性评价相结合，得出对学生综合素质水平较为全面、客观的认识。

（2）德育评价主体多元化

高校传统德育评价呈主观性和片面性主要归咎于评价主体的一元化、评价主体与评价客体之间的单向化，即主要由教师依据个人主观经验单向地对学生素质水平作出评价，这种评价方式极易出现偏差，以致学生对评价结果认同度低。“多元协同型”德育模式力求冲破评价主体一元化及评价主体、客体间单向化的局限，在动态化评价体系的基础上，通过师评、自评、朋辈互评等多方位的评价，将自我评价与他人评价之间进行横向、纵向的比较，认真分析不同评价主体对同一个体德育评价结果有出入的原因，有助于个人更为客观地审视自我、完善自我，逐步形成健全的人格。

第二节 “课程－书院”模式探索

一、通识教育：大学教育的生命所在

1. 通识教育是大学理念的集中体现，目标是培养“全人”

在大学中，通识教育往往是针对专业教育或职业教育而言的。通识教育的“通”包括三层意思：一是“共通”的基础——培养学生的基本知识和能力；二是“旁通”的广博——让学生接触专业以外的领域，以免视野过于狭隘；三是“融通”的境界——培养学生跨界思考、融会贯通的能力。

共通、旁通、融通的通识教育可以实现“全人”教育的目标。

关于“全人”的标准，在不同时代、不同国家和不同地区，表述有所不同。美国在通识教育目标中常提到两个核心概念，即独立思考与判断能力、富有社会责任感的公民。香港中文大学的通识教育目标则强调，“全人”教育注重视野拓展、中西文化传承以及社会责任。笔者认为，“全人”就是“一个健全的人”，这样的人不仅拥有丰富的专业知识、娴熟的职业技能，而且身心健康，具有较高的情商和较强的社会责任感。

2. 通识教育涵盖专业教育以外的领域，必须同时包括第一课堂的正式课程和第二课堂的非形式教育

“全人”教育是大学教育的理想境界，通识教育是实现“全人”教育目标的有效路径。广义的通识教育即非专业教育，主要有两种形式——第一课堂的正式课程和第二课堂的非形式教育，目的均在于培养学生健全的人格。在第二课堂的非形式教育中，住宿学院或书院生活格外引人注目。哈佛大学是通识教育改革的典型代表，在不断完善通识教育第一课堂核心课程的同时，通过住宿学院的导师制、膳食计划、高桌晚宴、下午茶、各类讲座和比赛等课外活动，使学生具备良好的合作精神和高度的社会责任感。香港的通识教育模式更加多元化，如香港中文大学目前形成了大学通识与书院通识相辅相成的独特模式。其中，大学通识重视智育理性的培养、学术精神的追求，书院通识则从书院精神及传统出发，对学生进行心智上的熏陶，其形式主要有书院通识课程如大学修学指导、专题讨论以及各种书院活动等。

在相同的“全人”教育理念的指导下，通识教育的具体内容各不相同，从而体现出不同国家和地区、不同学校的特色。尽管不同地区、不同大学的通识教育内容不尽相同，但是有些共同的内容得到了各个学校的普遍重视。在第一课堂的课程教育方面，大多数学校都非常重视思考、应用、表达等方面的课程；在第二课堂的非形式教育方面，大多数学校都十分重视育人功能，突出表现为住宿学院制或书院制的推行。

3. 建立完善的机制，推进第一课堂的正式课程和第二课堂的书院制非形式教育协同运行，形成制度化的人才培养模式，确保通识教育目标的真正实现

有关人才培养活动的基本范式被称为人才培养模式，具体包含人才培养理念和目标、教学内容与形式、管理模式与制度设计等。相对于人才培养的专业教育模式而言，通识教育模式主要包括三个层面：通识教育理念及目标，基于通识教育理念和目标的课程体系、教学方法、学生管理模式，与通识教育理念及目标相契合的学分制、选课制和书院制等方面的制度设计等。

上述三个层面是相互影响、相互作用的。理念和目标是前提，是方向，理念和目标决定内容与模式；内容是关键，形式会影响理念和目标的实现，同时对制度设计提出一定的要求；制度是保障，影响内容的实施效果，促进目标的真正实现。完整意义上的大学教育，理应在“全人”教育理念的引领下，实现通识教育和专业教育的贯通融合。

二、哈佛大学和香港中文大学对“课程－书院”通识教育模式的实践

在社会快速变迁的影响下，近代各国大学教育的发展呈现三种现象。首先便是部分研究型大学在知识创新上作出了很大贡献，却偏离了大学最重要的教学目标——做人，从而出现了没有灵魂的卓越现象。其次，由于人类知识的爆炸性扩展，专业学科不断分化、割裂，使得学生只熟悉单一学科的知识体系，对其他领域的知识知之甚少，往往导致学生缺乏自我探索、批判反省和创新突破的能力。为此，从 20 世纪 90 年代开始，我国就有学者提出要加强通识教育的主张。再次，由于经济和社会的转型，高校的扩招使学生人数激增，在高等教育大众化的时代，大班教学在所难免，无法满足学生个性化需求，通识教育的成效受到极大限制。在各种实践探索中，产生了通识教育的两种典型模式，其经验值得我们学习和借鉴。

1. 以哈佛大学为代表的“核心课程＋住宿学院”模式

通识教育发源于西方，在西方大学中有较好的精神传承，渐趋成熟。美国的当代大学教育在全世界享有盛誉，尤其重视通识教育。理想常经主义、进步实用主义及精粹本质主义是美国通识教育的三大理论派别。以纽曼等为主要代表所推行的理想主义及常经主义，主张经典阅读。以杜威等为主要代表所推行的进步主义及实用主义，主张不确定性，认为教育不应有外在社会或成人标准的预设目的，所以课程不需统一，尤其不可要求一致或共同必修，提倡学生可以自由地选择科目。以康能等为主要代表所推行的精粹主义及本质主义，在价值观方面主张二元论，认为一个健全的公民不仅要学会职业技能，而且要具有与人沟通的能力，以满足精神和心理方面的需求。强调核心课程，自然科学、社会科学、人文科学是教材中不可或缺的基本大类，在某几大类的必修领域中，学生可以自由选修所需要或者感兴趣的科目。

作为精粹本质主义的代表，哈佛大学在通识教育的研究与实践上处于国际领先地位，并形成了独具特色的模式。哈佛大学将定位于第一课堂的核心课程模式和定位于第二课堂的住宿学院模式有机结合，使两者相辅相成，相得益彰。为了实现“有教养的人”这一人才培养目标，1971 年，博克校长首先开启了核心课程的开发进程。1978 年，文理学院主任亨利•罗索夫斯基提出了《核心课程报告书》。1985 年，在最初的五个领域的通识核心课程基础上，又增加了道德思考类别，从此其通识核心课程被拓宽为六个大类。后来，哈佛凝练了包括美学与阐释理解、文化与信仰、经验与数学推理、道德推理、生命系统科学、世界中的社会、世界上的美国在内的七个方向的全新通识教育课程。哈佛大学的历次课程改革各有侧重点：1945 年的红皮书强调培养自由社会的公民，树立西方价值观和公民意识；1978 年的核心课程改革重视加强学生对求知方法的掌握；21 世纪的课程改革则着眼于全球公民的培养，强调跨界思考能力。

除了显性的核心课程，哈佛大学还把隐性的要素——住宿学院制纳入通识教育改革的大范畴之中，在这方面的突出贡献者首推洛厄尔校长。哈佛大学住宿学院的办院理念源于中世纪欧洲的博雅教育，主张通过小规模办学和导师制，使教师和管理人员有精力关照每一位学生；通过精心设计的显性和隐性的育人环境，使学生的学习与生活融为一体；通过营造住宿学院异质化的同伴氛围，拓宽学生的视野，提升学生的能力，使学生具有开朗的性格、健全的人格、包容的心态、开放的胸襟，从而培养学生的合作意识、集体荣誉感和社会责任感。在洛厄尔校长看来，第一课堂不应当成为一个年轻人所接受的唯一的教育形式，日常生活是最好的大学，一个人的品质与习性在很大程度上取决于他的生活环境和同伴氛围等。因此，哈佛大学借鉴牛津大学、剑桥大学的经验，积极推行犹如家庭生活般的住宿学院制，不断完善机构，教育学生，使他们学会包容，彼此尊重，健康成长。在学校和师生们的共同努力下，在哈佛大学的大背景下，每一幢宿舍楼都致力于建设小型的学习与生活共同体，从而形成了自己独特的风格。因此，基于共同学习和生活的住宿学院让哈佛学生接受了完整的大学教育。

哈佛大学为践行博雅教育的理念，从校长到专门的通识教育委员会，都深入地探讨通识教育理论，不断反思通识教育课程，持续改进住宿学院制这一精细化学生管理模式，从而形成了符合美国国情、具有哈佛特色的“核心课程 + 住宿学院”的通识教育模式。哈佛大学的通识教育，在理念与目标、形式与内容、制度与模式三个方面都有值得我们学习和借鉴之处。

2. 以香港中文大学为代表的“大学通识 + 书院通识”模式

香港中文大学自建校起就强调人文教育与专业教育并举，形成了大学通识与书院通识相辅相成的独特模式，港台两地的大学纷纷效仿。

在香港中文大学的办学历史中，书院先于大学而存在，因此在创校早期，香港中文大学自然以“书院通识”为主。1986 年，香港中文大学扬弃哈佛大学的通识教育改革经验，设立首批通识课程。此后，大学与书院的分工日渐明确，进入大学通识与书院通识并行的阶段。大学的学系主要负责提供有学术深度的知识性学科教育；书院主要提供定位于第二课堂的非形式教育，从书院的精神及传统出发，拓展专业学术和校园文化等方面的活动，熏陶学生的心智，培养学生的情商。目前，香港中文大学规定获得学士学位需要修满 123 个学分，其中大学通识课程 15 个学分，书院通识课程 6 个学分。大学通识课程主要引导学生加强对文化传承，自我与人文，自然、科技与环境，社会与文化四大领域的探索，从不同层面探讨人类共同关心的问题。同时，规定所有的本科生必须在每个领域至少选修一门课程，每门课程 2 ～ 3 个学分。

虽然香港中文大学的书院与哈佛大学的住宿学院都具有非形式教育的功能，但是与哈佛大学的住宿学院相比，香港中文大学的书院具有更为系统完善的通识教育课程体系。在人员方面，香港中文大学配备了通识教育主任，专门负责书院的通识教育。书院通识不仅包括从每一个书院的精神及传统出发，开设不超过通识必修学分三分之一的课程，而且包括举办各种各样的活动，以熏陶学生的心智，培养其情商，提高其能力。香港中文大学的 9 所成员书院都明确规定，修读 6 个学分的书院通识课程是学生毕业的必要条件。书院通识教育的科目包括大学修学指导、通识教育导论、科学与现代社会、中国艺术欣赏、西方艺术欣赏、名著阅读计划等，上述课程的目标是开展“全人”教育。

笔者在考察香港中文大学新亚书院后了解到，新亚书院的学生在毕业前必须修满 4 个学分的书院必修通识课程和 2 个学分的书院选修通识课程。学生在一年级上学期必修通识教育导论或书院、大学与社会，一年级下学期必修学生为本教学与研讨。2 个学分的选修科目在大二到大四期间完成，选修科目主题如下：西方文化的特质、美国文化与历史、文学欣赏、艺术欣赏、科学与现代社会、女人男人与文化、辨析人类价值观、新亚精神与新亚先贤的文化教育理想、中国艺术欣赏、西方艺术欣赏、美国文化传意、华人青年成长之旅、中国通史、中西音乐文化欣赏、服务学习计划、香港的非物质文化遗产、媒体与生活等。此外，书院还推行非形式教育，开展形式多样的学生计划和丰富多彩的课外活动，力求通过提供在校住宿服务关心、照顾每一位学生。与大学相比，书院规模虽小，但是底蕴深厚、特色鲜明，有利于培养老师和学生的归属感，使师生之间、生生之间形成真挚的情谊。

香港中文大学的通识教育曾经体系散乱、无章可依，而现在已经目标明确、体制健全，尽管由于种种原因一度面临挫折，但是早在建校之初，通识教育就植根于创校精神之中。香港中文大学历任校长对通识教育的目标认识明确——努力培养“全人”；他们对通识教育模式进行了大胆探索和持续改进——不局限于大学第一课堂的通识教育课程，而是将通识教育的外延拓展至第一课堂以外的书院，且在书院这一更小的范围内尝试以生为本的课程教育与非形式教育的更紧密结合，以此作为大学通识教育的有效补充。香港中文大学的通识教育从目标设立到机构设置、从课程实施到评价机制、从单一通识到双通道机制的建立，均为内地高校的通识教育改革提供了一定的经验和启示。

三、“课程－书院”模式对我国大学通识教育改革的启示

以美国哈佛大学为代表的“核心课程＋住宿学院”模式和以香港中文大学为代表的“大学通识＋书院通识”模式说明：只有把“全人”教育作为大学的办学理念，厘清课程与书院的关系，通过建立完善的机制，推进第一课堂的正式课程教育和第二课堂的书院制非形式教育协同运行，形成制度化的人才培养模式，才能确保通识教育目标的真正实现。

（一）树立“全人”教育理念，厘清课程与书院的关系

中华人民共和国成立初期，受到苏联教育模式的影响，中国大学教育实行狭窄的专业教育模式，并一直延续至今。专业教育的弊端在于，教学过程中机械地将人赋予某种专业技能，忽视了学生全面发展的需求。长期接受专业教育的学生走向社会后，往往发现自己难以跳出专业知识或技能的小圈子，缺少广阔的视野和处理复杂问题的能力，在社交方面也存在一定的障碍。对于毕业生而言，社会环境与工作环境并不像学校那样专业界限分明，如何适应多变复杂的环境成为一大挑战。而通识教育的目标是“全人”教育，在这一理念的指导下，学生不仅要掌握某一领域的专业技能，还要形成独立思考与判断的能力，清晰的表达与沟通能力，跨界思考、明察社会和明辨是非的能力，此外还要具备健全的人格和高度的社会责任感等。因此，有必要进行大学通识教育的改革。要进行通识教育改革，首先要树立“全人”教育理念，厘清课程与书院的关系。

在“全人”教育理念下，课程与书院的关系，从外在形式上看是第一课堂与第二课堂的关系。毋庸置疑，第一课堂的课程教学是学生获取知识的主要途径，第二课堂的书院生活则包括学生在第一课堂正规课程学习以外所从事的一切活动。第二课堂的书院生活既是对第一课堂课程教学的补充，又是对第一课堂课程教学的升华。一方面，具有第二课堂性质的书院教育将学习与生活融为一体，不但可以巩固和加深学生在第一课堂中所学到的课程知识，而且能够促使学生将理论与实际紧密联系起来，从而缩短大学与社会之间的距离。另一方面，学生在第二课堂灵活多样、丰富多彩、各具特色的书院生活中，更容易接受在第一课堂中学到的课程知识，从而收到事半功倍的效果。另外，文理渗透、理工交融的书院生活更有利于学生主动参与、拓宽视野、提升能力。因此，要培养充满自信、富有责任感、勇于担当、敢于创新的大学生，就必须将第一课堂的课程教学与第二课堂的书院生活协同起来。

在“全人”教育理念下，课程与书院的关系，从内在本质上看是规范与自主、知识与能力、智商与情商的关系。第一课堂的课程教学，如果在教学计划、教学大纲、教材建设等方面没有规范性的要求，就不能保证教学的正常运行；第二课堂的书院生活则不一样，学生完全可以依据自身的兴趣爱好开展自主的学习与实践。第一课堂的课程教学以传授知识和专业技能为主，第二课堂的书院生活则更重视培养基于“人”的育成理念的可持续发展能力。知识的储备为能力的提升奠定了坚实的基础，能力的提升则更有利于巩固所学知

识。如果说第一课堂的课程教学着重培养学生的“才”，即智商，那么第二课堂的书院生活则更注重培养学生的情商，恰恰与通识教育着眼于“人”的育成的理念和目标相契合。

（二）精心设计通识教育课程模块体系

1. 通识教育课程体系设计的基本原则

为了打破专业与通识之间的森严壁垒，设计大学通识教育课程体系时，需遵循以下四个基本原则。

第一，目标性原则。在“全人”教育总目标下设计课程模块，要保持人文、社会、自然科学之间的平衡；同时，课程设计还要与学校人才培养的具体目标相契合，不同类型的大学，其通识教育核心课程的设计应该各不相同。

第二，统整性原则。可以根据需要充分挖掘现有课程中具有通识教育性质的科目，对其整合优化改造；也可以尝试跨学科的主题课程模式，这对于组建跨学科的教师团队以及教师之间的协调配合提出了很高的要求；还可以采取走出去、引进来的战略，考虑引进校外高质量的课程资源。

第三，多元化原则。社会对人才的需求是多样化的，且学生的专业与毕业后的职业之间几乎不可能百分之百对口。因此，加强通识课程的教育尤为必要。课程内容可以由不同的模块组成，选课形式可以是必修，也可以是选修。通过上述多元化的设计，促使学生通过必修课程掌握必不可少的核心知识和基本技能，通过选修课程满足个性化的需求，完善自身的知识和能力结构。

第四，特色化原则。中国大学的通识教育课程改革，尤其要注重中国传统文化课程的建设，批判地继承中国传统文化中的精髓，挖掘其人文精神和现代价值。如何建设中国传统文化通识教育课程？避免知识及价值的灌输为第一要义，同时，宜采用文本研读、课堂研讨的方式授课，通过课前的阅读、课堂的交流以及课后的升华，培养学生的批判思维和创新精神。此外，还要凸显课程的地域特色和本校特色。

2. 从“科际整合”变革为“以学定教”的模块划分

目前，在通识教育课程建设中，“科际整合”方法被国内外高校普遍采用。

在全面深化高等教育改革的背景下，高校在通识教育课程设计方面，如果能将“科际整合”的方法变革为“以学定教”的方法，使大学教育回归本源，培养真正“完整的人”，这样的通识教育课程一定会得到越来越多的认可。

（三）科学把握书院制改革的方向

目前，国内许多高校都在进行书院制改革的探索。我国现有的书院制人才培养模式主要有以下五种类型：一是融西方住宿学院制与中国传统书院制文化特色于一体的书院制模式，如香港中文大学的书院制；二是着眼于通识教育、导师制和学生自我管理的三位一体的书院制模式，如复旦大学的书院制；三是着眼于第二课堂综合能力提升工程的书院制模式，如西安交通大学的书院制；四是着眼于特色人才培养的书院制模式，如华东师范大学的孟宪成书院等；五是着眼于拔尖人才培养的书院制模式，如以苏州大学敬文书院为代表的实体书院，以浙江大学竺可桢学院为代表的荣誉学院等。

无论哪一种类型的书院制，都不能偏离通识教育改革目标，即“人”的育成。未来，我国书院制改革的方向，必然是形成基于“全人”教育理念，通过深入实施亲密互动、和谐相容的导学机制，充分发挥第一课堂通识教育课程和第二课堂书院生活育人功能的人才培养模式。在“全人”教育理念的引领下，不同类型的书院制人才培养模式可以确定相同的人才培养目标，而人才培养目标不同的书院制则可以采取差异化的运行模式。无论何种育人目标，采用何种运行模式，都离不开一个共同的制度设计，那就是亲密互动、和谐相容的导学机制。这样的书院制改革一定具有强大的生命力。

（四）深化通识教育改革，积极探索“课程 – 书院”协同模式

目前，国内已经有不少高校在进行通识教育课程改革，也有高校在探索新型书院制的建设。但是，真正能够树立完整的通识教育观，协同推进通识教育课程教学改革和书院制改革的高校少之又少。在这方面，香港中文大学可谓典范，复旦大学的理念和做法也可圈可点。所谓“协同”，就是步调一致、配合补充，协同课程教学与书院建设就是要使两者相互依赖、相互促进、共同发展，以达成“全人”教育的目标。

在探索“课程 – 书院”协同模式方面，苏州大学基于完整的通识教育观，坚持两条腿走路，进行了有益的探索，取得了一定的成效。一方面，在“全人”教育理念的引领下，精心设计了学校层面的通识教育课程体系，按照分步实施的原则，先升级改造现有的公共选修课程，再以教改课题的形式鼓励教师申报建设各个模块的通识教育新课程，同时招标建设部分高水平的通识教育课程。另一方面，推进现代新型书院制改革，创建敬文书院。敬文书院的通识教育包括学校通识和书院通识两个部分，学校通识以校级层面的通识教育课程为主。书院通识首先着眼于“特色课程”的开发，探索“合作学习”和“翻转课堂”等教学新方法，从而打破了学科专业的界限，有利于创新人才的培养；其次，从书院特有的精神和传统出发，举办丰富多彩的活动，以此推行非形式教育，对学生进行心智上的熏陶。在非形式教育中，最值得一提的是深入实施全程全员导师制。书院充分发挥导师的传帮带作用，随时指点教育学生，潜移默化影响学生，在家庭般的氛围中，注重学生的人格培养和德行表现，重视学生的个性培养和全面发展。在实践中，这种“课程 – 书院”协同模式得到越来越多的学生的认可，也契合通识教育“人”的育成方向。

人才培养既要不断向前看，也要不断向后看，才能知道什么是合理的，什么是需要变革的。从哈佛大学和香港中文大学的实践经验以及其他相关高校的探索成效看，通识教育是大学教育的生命之所在，“课程 – 书院”协同模式应该成为未来高等教育改革的发展趋势。从现有的专业教育模式转变为“课程 – 书院”通识教育协同培养模式，并不是通识和专业两种课程比例的简单增减，也不是两种课堂内容比例的机械变化，关键是要厘清课程

与书院的关系，形成一整套科学而可行的运行机制。必要时，还需建立专门的通识教育组织和管理机构，以推动通识教育的改革。无论时代发生怎样的变化，社会对“完整的人”的要求永远不会过时，因为社会不需要没有灵魂的卓越。

第三节　书院制面临的挑战

2018年2月，中共中央、国务院印发了《关于加强和改进新形势下高校思想政治工作的意见》（以下简称《意见》）。《意见》强调指出，高校肩负着人才培养、科学研究、社会服务、文化传承创新、国际交流合作的重要使命。加强和改进高校思想政治工作，事关办什么样的大学、怎样办大学的根本问题，事关党对高校的领导，事关中国特色社会主义事业后继有人，是一项重大的政治任务和战略工程。《意见》指出，加强和改进高校思想政治工作，必须坚持全员全过程全方位育人。把思想价值引领贯穿教育教学全过程和各环节；同时也必须坚持改革创新，推进理念思路、内容形式、方法手段创新，增强工作时代感和实效性。

现代高校施行的书院制，是随着高等教育改革不断深化而出现的新型人才培养模式，是一种基于“全人”教育理念，通过深入实施亲密互动、和谐相容的导学机制，充分发挥第一课堂通识教育和第二课堂学生社区育人功能的人才培养模式。当前，书院制人才培养模式已经在很多高校有所实践，并取得了一定的成果。在书院制人才培养模式下，如何应对大学生思想政治教育面临的新情况成为一个亟待研究的课题。笔者通过对国内外相关理论的研究，并结合苏州大学敬文书院的育人实际，尝试性分析了敬文书院育人模式下大学生思想政治教育所面临的来自教育体制、生活社区、教育内容、教育方法、社区载体等方面的挑战，并针对这些挑战提出了相应的对策。

一、大学生思想政治教育的内涵

（一）大学生思想政治教育的定义

学术界对于思想政治教育内涵的界定有很多，可谓仁者见仁，智者见智。一种观点认为：“思想政治教育，就是一定阶级或政治集团，为了实现其政治目标和任务而进行的，以思想政治教育为核心与重点的，思想、道德和心理综合教育实践。”也有观点认为：“思想政治教育是指教育者按照一定社会或阶级的要求，有目的、有计划、有组织地对受教育者施行系统的影响，把一定社会的政治准则、思想观点、道德原则、法纪规范和心理要求，转化为受教育者个体的政治素质、思想素质、道德素质、法纪素质和心理素质的过程。”目前学术界关于思想政治教育内涵比较权威的定义是：“思想政治教育是指一定的阶级、政党、社会群体用一定的思想观念、政治观念、道德规范，对其成员施加有目的、有计划、有组织的影响，使他们形成符合一定社会、一定阶级所需要的思想品德的社会实践活动。”

中共中央、国务院《关于进一步加强和改进大学生思想政治教育的意见》提出了加强和改进大学生思想政治教育的主要任务，即以理想信念教育为核心，深入进行树立正确的世界观、人生观和价值观教育；以爱国主义教育为重点，深入弘扬和培育民族精神教育；以基本道德规范为基础，深入进行公民道德教育；以大学生全面发展为目标，深入进行素质教育。这四项主要任务，科学地规定了大学生思想政治教育内容的结构体系。

在笔者看来，大学生思想政治教育是指高校辅导员、班主任或专业老师按照一定价值观的要求，通过显性或隐性的方式对大学生施以系统的影响，使其接受一定的思想观点、道德观念、法纪要求，并在此基础上形成自己的价值观念与价值追求的过程。大学生思想政治教育的内容体系可以概括为以下几个方面。

（1）以理想信念教育为核心的世界观、人生观、价值观教育。现阶段大学生理想信念教育的重点是：“四有”“四信”“四科”教育。“四有”是指有理想、有道德、有文化、有纪律；“四信”是对马克思主义的信仰、对社会主义的信念、对改革开放和现代化建设的信心、对党的领导的信任；“四科”是指科学知识、科学思想、科学精神、科学方法。

（2）以爱国主义为重点的民族精神教育。爱国主义是中华民族精神的核心，在当代中国，爱国主义与爱社会主义在本质上是一致的，爱党、爱国、爱社会主义是紧密联系的整体，新时期爱国主义的主题是建设中国特色社会主义，实现中华民族的伟大复兴。

（3）以基本道德规范为基础的公民道德教育。公民道德建设要坚持以为人民服务为核心，以集体主义为原则，以爱祖国、爱劳动、爱科学、爱社会主义为基本要求，以社会公德、职业道德、家庭美德为着力点。大学生思想政治教育要以这些基本的道德规范为基础，引导大学生自觉遵守社会主义社会的基本道德规范，努力提高大学生的思想道德素质。

（4）以素质教育为核心的协调发展教育。大学生的素质包括思想道德素质、科学文化素质、身体心理素质、综合能力素质，其中最具挑战性的是心理健康教育。当前大学生的心理问题日益突出，心理障碍、心理疾病罹患人数日益增多，帮助他们形成自觉的心理健康意识，增强大学生自身心理调适、适应能力，预防心理问题，培养良好的心理品质已经成为大学生思想政治教育的重要内容。

（二）书院制下大学生思想政治教育的特定内涵

鉴于书院制是一种基于全人教育理念，通过深入实施亲密互动、和谐相容的导学机制，充分发挥第一课堂通识教育和第二课堂学生社区育人功能的人才培养模式，因此，在书院制下，除了需要对大学生进行上述四大内容体系的教育之外，还要求大学生思想政治教育要坚持科学性、正确的导向性、系统性及时代性等原则。所以，书院制下的大学生思想政治教育具有特定的内涵。

首先，“全人”教育的理念，意味着书院制下培养的学生应该具备的不仅仅是某一专业领域的知识和技能，还应该具有远大的眼光、广博的见识、健全的人格、崇高的信念、优雅的情趣以及高度的社会责任感，因此，对书院制下的大学生进行思想政治教育要求在理念、内容等方面都与全人教育理念相契合。在全人教育理念下，大学生本身的发展应该是全面的、可持续的发展，因此书院制下大学生的思想政治教育需要引导学生对自己的大学生涯及未来人生做出正确的规划，符合全面发展、可持续发展的要求。

其次，书院实行以亲密互动、和谐相融的导师制和导生制为主的导学模式，所以书院制下大学生的思想政治教育工作者不能仅限定为传统的辅导员、班主任，而是要充分发挥导师和朋辈在思想政治教育工作中的作用；不仅要借助传统的思想政治教育理论课、班会、讲座等形式，还要求思想政治教育贯穿于导师制与导生制实施的整个过程当中，在师生交流、生生互助的过程中潜移默化地发挥作用。

再次，书院制下大学生的身份具有特殊性，他们既是专业学院的学生，也是书院的学生，因此，在书院制下对大学生进行思想政治教育需要充分发挥第一课堂和第二课堂的作用。在第一课堂，专业教师是大学生在校期间接触最为频繁的群体。一方面，在教学过程中，专业教师自身的价值观、人格、意志倾向等都能够对大学生产生深远的影响；另一方面，专业教师将思想政治教育融入日常的教学过程，有利于师生之间的沟通，达到事半功倍的效果。因此，必须注重专业教师在思想政治工作中的作用。在第二课堂，需要充分发挥公寓社区在思想政治教育中的作用，同时要求创新方式方法，更为机动灵活地运用现代化、网络化的手段，保证思想政治教育的效果。

此处以苏州大学敬文书院为例，研究探讨书院制模式对大学生思想政治教育的挑战，同时提出应对的思路和策略。

二、书院制模式对大学生思想政治教育提出的挑战

“思想政治教育最直接的目标就是解决各种思想问题，最主要的思想问题就是如何满足个人发展的需要以实现个人的价值。”书院制作为一种新型的、与传统专业教育相区别的人才培养模式，为我国高校探索教育改革、促进高等教育的发展提供了新的思路。苏州大学于 2011 年成立了定位于培养“研究型、国际化、高素质创新人才”的敬文书院，这是苏州大学人才培养改革的试点。书院成立以来，得到了各级领导的大力支持，受到了新闻媒体的广泛关注。书院也以新型学习模式和师生关系的构建，赢得了校内外师生的一致好评。在大学生思想政治教育方面，敬文书院在体制、载体、内容、方法等方面都取得了新的突破，同时也面临一些不同于专业学院育人模式的新问题、新挑战。

（一）如何消解“试点书院 + 双院并存”体制引发的困惑

敬文书院成立于 2011 年，是苏州大学最早成立的住宿制学院，也是江苏省首家以培养高素质学生为目标的书院。书院目前在读学生保持在 400 名左右，有常任导师 6 名，学业导师 90 名左右，社区导师 1 名。这里汇聚了不同学科专业背景的学生和导师，共同组成了一个师生亲密互动的社区共同体。

敬文书院对学生进行思想政治教育面临的首要挑战来自“试点书院 + 双院并存”体制。一方面，学校保留了大学生思想政治工作的五元架构体系，即校党委—相关职能部门—学院党委—学院分管学生工作的副书记—学院辅导员；另一方面，学校又成立了试点书院，书院内仍然有五元架构体系的存在。在上述体制下，书院的学生在身份上既属于专业学院，又属于敬文书院，因此他们在日常学习生活中可能会遇到以下困惑。

1. 试点书院的精英化模式容易对学生造成心理压力

首先，敬文书院是苏州大学第一个试点书院，目标是培养研究型、国际化、高素质创新人才。其精英化的育人模式成为苏州大学师生共同关注的焦点。较高的人才培养目标和较高的关注度固然可以激励敬文书院不断前行，但同时也会对书院学生造成心理上的压力。笔者通过对敬文书院同学的访谈，了解到书院学生普遍感到压力较大，这种压力来自学业方面、能力提升方面、科研训练和学科竞赛方面及国际化素养等方面。在学业方面，老师经常会把书院和学院的学生的考试成绩进行比较，这无疑会对书院学生造成一定压力；在能力提升方面，压力主要来自书院内部同学之间，书院较高的选拔标准客观上使得具有较强能力的同学一起进入了书院这个集体，对每一个同学来说，要想在书院脱颖而出难度就更大了；在科研训练和学科竞赛方面，书院内部有“3I”（Investigate，Innovate，Interactive，研究、创新、交互）工程项目，学校有窘政学者基金项目、大学生创新创业项目以及各类学科竞赛，书院学生既要在书院内部崭露头角，更要争取到学校的优秀项目，还要在各类学科竞赛中取得好成绩，压力较大；在国际化素养方面，因为书院力求做到四年以内每个学生都要出国出境交流，这对学生的外语水平和跨文化交际能力提出了较高的要求，书院学生在这方面的压力也较大。另外，在创院初期实行的优补退出机制方面，由于敬文书院实施的是精英化育人模式，每年会有少数学生因学业成绩等方面达不到书院的要求而主动申请退出书院，这在一定程度上也会对学生造成心理压力。如何做好退出学生的思想政治工作，减轻其心理压力，对书院来说也是一大挑战。

2. 双院身份同时融入两个集体的要求易使学生产生思想困惑

敬文书院学生遇到的另一个问题是如何在双院并存的制度下找到集体归属感。因为苏州大学目前实行学院和书院双院并存的体制，学院和书院均有相同的学生管理体系，可能会根据学校的要求举行类似的学生活动，书院学生因为时间和精力的有限性，在选择去书院还是去学院参加活动上会产生困惑。虽然书院自成立之初就要求学生既要学会与不同学科专业背景的学生交流学习，又要积极融入专业学院，与相同专业的同学加强交流，但是由于学生自身性格的局限、交往能力的差异、时间精力的有限，在协调两者关系上难免会产生困难。如果书院学生偏重参加学院活动，偏重与专业学院学生的交流，那么书院就只能发挥简单的住宿功能；如果书院学生的交往圈子仅仅局限于书院内部，那么学院老师和同学对其会产生看法，也不利于其自身的全面发展。双院身份的客观情况增加了书院学生融入书院和学院两个集体的难度。

（二）如何充分发挥公寓社区载体的思想政治教育功能

专业学院对大学生开展思想政治教育的载体主要是以专业划分的班级。在这种模式下，学科、专业、班级的界限比较明显，同一个专业的学生一般分在同一个班级，上课的教材、地点、时间、教室相对比较统一，学生的身份比较单一，分布也比较集中，而且班级是他们开展活动的主要阵地，所以在专业学院模式下，班级成为对大学生进行思想政治教育的重要载体。而敬文书院对大学生开展思想政治教育的载体主要是打破专业界限的公寓社区。敬文书院是院内学生学习生活的重要场所，据笔者对学生的采访，书院学生大部分时间都在书院里。如何有效发挥公寓社区这个载体的作用，成为敬文书院在大学生思想政治教育方面遇到的较大挑战。

1. 思想政治教育队伍及党团组织进公寓问题

一方面，思想政治教育队伍进公寓是新形势下对大学生加强思想政治教育的有效措施。由于敬文书院是住宿学院，这就要求书院的辅导员常驻书院办公，与学生零距离接触；同时住宿学院的性质也要求辅导员必须住在书院。这一要求对于单身辅导员来说，也许不成问题；但是，对于已经结婚成家的辅导员来说，要求他们每天住在书院，不得不说是一大挑战。与此同时，书院实行导师制，每一位导师都有繁重的教学科研任务，如何才能确保导师具有经常与书院学生面对面互动的积极性，无疑是一大挑战。另一方面，党、团组织是加强大学生思想政治教育的领导机构，是团结、带领广大团员青年和党员同志积极上进的组织核心。高校党团组织只有不断适应新情况，贴近基层青年学生，加强基层组织建设，才能增强组织的凝聚力、吸引力，才能提高思想政治教育的针对性和实效性。对于敬文书院来说，如何在公寓社区建立党团支部，如何发挥学生党团员在公寓社区的先锋模范作用，是敬文书院在推进党团组织进公寓方面必须解决的问题。

2. 学生会（学生服务中心）的“三自”作用发挥问题

学生社团组织是我国高校学生进行自我管理、自我发展的一个重要依托。敬文书院成立后不久，就成立了学生会（学生服务中心）。如果能够充分发挥这一学生组织在自我管理、自我服务、自我教育方面的作用，那么敬文书院的学生思想政治教育工作将起到事半功倍的作用。“现代管理理论认为，只有实行全员管理，整体的力量才能得到发挥，个性和积极性才能得到提高。”对于敬文书院来说，只有确定学生在公寓社区内的地位、权利和义务，才能激发学生的积极性和主动性，充分发挥学生主体的作用，书院社区才能成为学生自我管理、自我服务、自我教育的精神乐土。

（三）如何充分发挥“书院通识”的思想政治教育功能

书院通识是指敬文书院以学生社区为载体，倡导通识教育，注重学生的思想品德和行为养成教育。通识教育的目标是实现对学生的均衡教育，拓宽学生的眼界，提高学生适应社会的能力。总而言之，具有健全人格的公民是通识教育力图培养的人。正如黄坤锦在《美国大学的通识教育——美国心灵的攀登》一书中所言，通识教育是要给学生某些价值、态度、知识和技能，使其生活得恰当舒适和丰富美满；要让学生将其现实生活中的富丽文化遗产、现存社会中的可贵经验与智慧，能够认同、择取、内化，使之成为个人的有益部分。如此，学生就会发展和珍视伦理的价值、科学的类化、审美的态度，以及各种政治、经济和社会制度之所以存在的意义。

我国高校思想政治教育在保证大学生发展方向的同时，积极地为大学生的健康成长服务，引导大学生形成正确的人生观、世界观和价值观，正确处理学习、生活、交往过程中遇到的诸多问题，从而促进学生形成较高的素质和健全的人格。由此可见，通识教育对人的情感、能力等方面的培养理念以及所要达到的人的全面发展目标，与我国高校长期以来所提倡的思想政治教育目标是相吻合的。但是，在当前我国高校二级专业学院体制普遍存在的情况下，顺利开展通识教育有一定的难度。

1. 通识教育理念的普及问题

潘光旦先生指出，“教育的理想是在发展整个的人格”。就这一意义而言，本科教育即应该是通识教育。但是，在很长一段时期内，我国的高等教育偏离了这一教育方向，具体表现在以下几个方面：一是学科划分过细，客观上阻碍了人的全面发展；二是在学生能力方面的培养上，思维受专业特点的局限，学生能力发展与自身的专业相关，其他方面的能力没有得到协调发展；三是忽视人文精神的发展，现代社会功利主义思想的出现，使得人们更加重视有明显用处的技术、知识、物质，而忽视了人文思想方面的发展；四是创新能力发展上的缺失，应试教育背景下，老师和学生更注重对知识结果的学习，而忽视了知识探索过程的重要性，这压制了学生的积极性和兴趣。创造性人才所必须具备的素质与通识教育的培养目标是一致的，所以通识教育是培养创新性人才的重要途径。由于受“专才教育”理念影响，书院通识教育的开展难度很大，特别是在理念的普及上。

2. 通识教育与专业教育的有效对接问题

通识教育与专业教育并不是完全对立的关系。敬文书院要充分发挥通识教育的思想政治教育功能，必须着力解决通识教育与专业教育的有效对接问题。当前有一种对通识教育的肤浅的理解，认为增加一些基础性质的或者人文方面的课程，拓宽学生的知识面就是通识教育。吴雁指出：“通识教育的一个重要的目的，在于让受教育者了解不同知识的内在统一性和差别性，了解不同学科的智慧境界和思考方式，从而达到对客观对象的更高境界的把握。”高等教育的重要责任是将人文学与科学间的鸿沟盖接起来，主要任务是教育学生思考。从这个意义上来说，心智训练比知识传授更重要。因此，通识教育并不排斥科学合理的专业教育；与此同时，贯彻着博雅精神的科学合理的专业教育，也不排斥通识教育。所以对于敬文书院来说，尤其要关注通识教育与专业教育的有效对接问题，只有这样才能充分发挥其思想政治教育的功能。

（四）如何更好地利用网络手段提升思想政治教育的实效性

以网络为代表的现代教育技术手段的发展，为高校思想政治教育模式的变革和手段创新提供了强大的技术平台。高校思想政治教育要积极关注现代教育技术发展，努力开发、利用一切有助于大学生思想政治教育的新技术、新手段、新方法、新工具，以促进教育手段的现代化。

1. 大学生思想政治教育的手段创新问题

在大学生思想政治教育的过程中，如何及时有效地了解学生的思想动态并及时传递教育信息是必须思考的问题。在专业学院，辅导员或班主任主要通过班团干部了解学生的思想动态，在信息发布上则主要依靠召开班会和微信、短信群发的方式。

敬文书院的学生群体生活在公寓社区，具有异质化较强的特点。少数的班团干部难以及时发现规模较大的学生群体中存在的思想问题，这就迫切需要思考如何创新手段来及时有效地了解学生的思想动态。此外，信息发布的手段也不能仅仅依靠班会、年级大会与微信、短信群发的形式，因为书院学生很难有统一的课余时间，这不利于班会、年级会议的召开，同时，全体大会的形式不利于信息发布的针对性，很难对具体的学生个体或部分学生群体进行有针对性的思想教育。微信、短信群发的方式虽然可以直接将信息传递给个人，但是出于成本与效率的考虑，专业学院的辅导员或班主任会将信息首先发送给班团干部，再由班团干部进行群发通知，这种通过人去传递信息的方式极易造成信息传递的滞后甚至失误，会影响思想政治教育的实效性。因此，如何畅通渠道，开发较为智能的信息推送程序，最大限度地减少信息传递的失误，并能够做到有针对性的教育，是书院制下思想政治教育工作者必须解决的问题。

2. 书院学生的评价制度创新问题

专业学院所采用的思想政治教育方法总体来说主要有说理引导法、实践锻炼法、熏陶感染法、比较鉴别法、自我教育法及心理咨询法。但在敬文书院，仅仅依靠上述方法去开展思想政治教育工作是远远不够的。传统的思想政治教育方法主要适用于解决学生的思想问题，帮助学生形成正确的价值观念。但在敬文书院，书院以“培养研究型、国际化、高素质创新人才”为育人目标，书院培养的学生必须养成健全的人格，具有高尚的道德品质，且拥有高度的社会责任感。这些品质的培养需要在思想政治教育工作中做好引导与激励的工作，因此敬文书院开展的思想政治教育并不仅仅局限于解决思想问题，而有着更高的要求。但如何有效地创新手段，在思想政治教育过程中做好引导与激励工作，使思想政治教育达到事半功倍的效果，是书院制下思想政治教育工作者必须仔细思考的问题。

综上所述，书院制模式下的大学生思想政治教育应该在传统手段或方法的基础上，更加依赖于科学化、网络化的手段或方法，科学现代的思想政治教育手段或方法亟待建立。

三、书院制下大学生思想政治教育的对策

书院制模式下的大学生思想政治教育面临新的挑战，如何做好大学生思想政治教育工作，实现大学生思想政治教育的积极效果，成为敬文书院面临的重要课题。笔者通过充分研究国内外思想政治教育理念并结合对敬文书院的实地调查情况，就书院制对大学生思想政治教育的挑战提出了相应的对策。

（一）建立健全“两院”共同育人机制

在“试点书院＋双院并存”体制下，敬文书院作为苏州大学的第一个试点书院，在较高的培养目标的引导下，建立了精英化的育人模式，这使得敬文书院成为苏州大学师生共同关注的焦点，虽然客观上激励着敬文书院不断前行，但同时也会给书院学生带来一定的心理压力和思想困惑。一方面，试点书院的精英化模式容易使学生在学业、科研、能力提升、国际化发展等方面面临来自书院和学院双方的压力，再加上敬文书院实行优补退出的机制，在一定程度上给学生造成了心理压力；另一方面，在双院并存的情况下，书院的学生在身份上既隶属于专业学院，又属于敬文书院，他们面临着处理双重身份、寻找两个集体归属感的思想困惑。所以，在“试点书院＋双院并存”体制下消解书院学生的心理压力和思想困惑就需要“两院”共同育人机制的建立健全。

首先，由苏州大学学生处牵头，每年召开学院和书院的两次联席会议，共同探讨试点书院学生的培养问题。在联席会议上，书院将近半年的发展情况做一个总结汇报，争取学院的理解和支持；学院认真听取书院的汇报，提出自己的意见和建议，并尽力帮助书院解决遇到的问题。联席会议的召开加强了书院和学院之间的联系，有利于书院和学院相互协作、共同育人，提高大学生思想政治教育的实效性。其次，进一步明确界定书院和学院的育人职责。苏州大学学生工作处根据学生同属书院和学院以及敬文书院作为“第二课堂”的现实情况，本着“与第一课堂有关的学生工作以学院为主书院为辅，与第二课堂有关的学生工作以书院为主学院为辅，各有侧重、联合培养的基本原则”，明确界定了书院和学院的职责。专业学院作为本科生培育的第一课堂，主要负责与第一课堂有关的学生工作，敬文书院作为培养本科生的第二课堂，主要负责与第二课堂有关的学生工作。书院与学生原专业学院各自育人职责的明确界定，不仅明确了各自管理权限和工作的内容，还明确了书院与学院各自在学生培养方面所要承担的责任和义务。学院和书院明确职责，相互协同，有效避免了学院和书院职责的重复与缺位现象，在加强对大学生的思想政治教育过程中有利于充分发掘学院和书院的育人潜能，充分调动学院和书院的积极性、主动性和创造性，增强思想政治教育的实效性。

此外，还要加强学院辅导员和书院辅导员之间良好的沟通。敬文书院的学生在身份上既隶属于专业学院，又属于敬文书院，所以在对他们开展思想政治教育的过程中，既有专业学院的思想政治教育工作者的参与，又有书院思想政治教育工作者的参与，而辅导员又

是大学生思想政治教育的重要力量。为了提高书院大学生思想政治教育的针对性和实效性，必须加强书院和学院辅导员之间的沟通联系。

两院共同育人机制的建立有利于更好地协调书院与学院的工作，有效防止大学生思想政治教育的中断或缺位，最大限度地调动书院和学院的积极性与创造性。

（二）推广普及书院制

“试点书院 + 双院并存”的模式有可能给大学生带来思想上的困惑和心理上的压力。这些思想困惑和心理压力根源于“试点书院 + 双院并存”的模式下学校对试点书院的高度关注、书院与学院之间的比较以及难以同时融入书院和学院两个集体等方面。那么如何消解“试点书院 + 双院并存”体制引发的困惑呢？笔者建议，在条件成熟的情况下，尝试在学校普及书院制不失为一个良策。

如果书院制在全校普及，那么让学生产生心理压力和思想困惑的前提就消失了。例如，全面推行书院制的香港中文大学和西安交通大学。香港中文大学本身就是由书院合并而成的，而且每个书院都有自己的特色，如新亚书院注重对学生进行中国文化方面的培养，而逸夫书院则更加关注学生高科技素质的发展。西安交通大学也于 2005 年和 2006 年成立了覆盖全校本科生，四年一贯的文治、彭康、仲英、南洋、崇实、励志、宗濂、启德八大书院。虽然香港中文大学和西安交通大学也有学院与书院，但由于其全面实行书院制，且学院不负责学生工作，学生工作主要由书院负责，所以其学生就不存在同时融入书院和学院两个集体带来的思想困惑。另外，香港中文大学与西安交通大学的书院制是覆盖全体本科生的，并且每个书院都有自己的特色和侧重，书院的学生也就不会有试点书院模式下由于备受关注而带来的心理等方面的压力。所以苏州大学在条件允许的情况下，也可以试着在全校普及书院制，以解决试点书院和双院并存模式给学生带来的心理压力与思想困惑。

（三）实施全员全程导师制

敬文书院育人模式与专业学院育人模式相比，大学生的思想政治教育在载体上发生了转变。专业学院由于大学生身份相对比较单一、分布比较集中等原因，其对大学生进行思想政治教育的载体以专业划分的班级为主。敬文书院由于学生出现了异质化的现象，很难有一致的时间，所以以班级为载体开展思想政治教育已经不适合，书院内对大学生开展思想政治教育的载体更多的是打破专业界限的公寓社区。而思想政治教育队伍的建设对于更好地发挥书院公寓社区载体在学生思想政治教育过程的作用有积极的意义。敬文书院实行全程全员导师制，导师之间的合理分工与紧密合作使得书院形成了非常合理、科学的思想政治工作队伍。书院导师队伍由常任导师、学业导师、助理导师和社区导师组成。

1. 常任导师、助理导师、社区导师常驻书院服务学生

为确保导师具有积极性并经常与书院学生面对面互动，加强师生之间的交流和信任，以提高思想政治教育的实效性，敬文书院设置了常任导师、助理导师、社区导师，这三类

导师常驻书院，方便为学生提供个性化的服务。

敬文书院的常任导师主要由辅导员担任，在书院办公，负责学生的日常思想政治教育和管理工作。因为常任导师的办公室就在书院公寓内，平时在工作中与学生形成了非常亲密的关系，所以可以在第一时间了解到学生的思想动态。当学生存在失恋、家庭变故、同学关系紧张等问题的时候，常驻书院的老师可以在第一时间对之进行引导。例如，曾经有一位同学在课余时间打篮球受伤，书院常任导师在第一时间来到宿舍探望；另一位同学突遭家庭变故，书院常任导师发现其情绪低落，及时和她谈心，了解她存在的困难，给予其关怀和安慰，帮助其慢慢走出了情绪的低谷。

在常任导师之外，书院还选聘责任心强的研究生担任助理导师，辅助常任导师和学业导师开展工作。同时选聘责任心强的本科毕业生担任社区导师，负责引导书院学生培养良好的生活习惯和健康的生活方式。助理导师和社区导师直接住在书院，弥补了常任导师正常下班之后对学生管理与教育的缺失。常任导师和助理导师、社区导师的配合，基本上实现了对学生 24 小时的管理与教育，可以及时为学生提供帮助。如新生入学的时候，书院曾有一位同学晚上不慎被水果刀割伤，助理导师在接到求助之后第一时间陪她到医院接受治疗，避免了更大的伤害。此外，书院在装修期间出现电路故障，社区导师在夜晚巡视的时候发现了漏电的电线，第一时间联系电工修复，避免了火灾等伤人事故的发生。

综上所述，可以看出常任导师、助理导师和社区导师的设置，加强了书院师生之间的交流互动，有利于形成和谐亲密的师生关系。笔者通过采访书院学生了解到，书院学生主动与老师交流互动的意愿比较强烈，有的学生把导师比作有爱的绅士，尽己之力，温暖人心；有的学生把导师比作良师益友，不仅教导学生如何“做学”，更重要的是影响学生如何“做人”；还有的学生亲切地称呼女性导师为姐姐。这种和谐亲密的关系，方便导师及时掌握学生思想、心理等方面的最新动态，有利于及时对学生进行引导，从而提高大学生思想政治教育的实效性。

2. 学业导师通过学业辅导对学生进行思想政治教育

为有效解决学习引发的思想、心理等方面的问题，敬文书院选聘有高级职称或博士学位的优秀在职教师或退休教师担任书院的学业导师，采取“1+2+1”的导学工作模式，主要在以下几个方面对学生进行思想政治教育。

首先，对大一新生的指导。大一新生刚从高中进入大学，离开了父母，离开了自己熟悉的生活环境，进入陌生的城市、陌生的学校环境，又由于大学的学习与高中阶段的学习存在很大的不同，最初的新鲜感过后多少会产生一定的迷茫、困惑。学业导师及时给予书院新生大学适应方面以及学习上的指导。一方面，从学生的具体情况出发，引导学生合理制订学习计划，帮助学生端正学习态度，明确学习目标，掌握科学的学习方法。指导学生正确平衡学习与活动的关系，引导学生养成自主学习、不懂多问的习惯，并在学生出现思想问题的时候及时对学生进行思想教育，帮助其走出困难。另一方面，在课程指导教育过程中更加关心新生的身心状况和思想动态，帮助他们更好地适应大学环境，顺利地进行学习和生活，引导新生走出迷茫和困惑，明确学习目的和成才目标，指导学生正确处理双重身份，积极融入学院和书院。

其次，对大二、大三学生的指导。敬文书院以“培养研究型、国际化、高素质创新人才”为目标，书院大学生到了二年级、三年级，除了要完成专业课程的学习任务以外，还要进行一定的科研和创新项目，这给学生带来了一定的压力，如果不及时加以引导，就容易引发思想、心理问题。学业导师一方面指导学生进行广泛的课外阅读，鼓励学生打好基础，提升自身的综合素质和能力。另一方面，在科研和创新项目过程中给予学生实际的帮助和指导。例如，指导学生进行文献查阅和论文写作。学业导师根据不同专业学科的特点，就文献查阅、综述报告等方面对学生进行有针对性的指导，并通过开展论文写作方面的初步指导，逐步培养学生的科研意识和创新意识，引导学生减轻科研和创新项目带来的压力。在课程指导过程中，学业导师充分发挥了思想政治教育的引导作用，提高了思想政治教育的实效性。

再次，对大四学生的指导。大四学生面临着毕业，同时也面临着毕业后不同的选择，如考研、出国、参加工作，这些选择以及毕业论文的撰写是他们产生压力和心理问题的主要方面。学业导师一方面要给予学生学术上的指导，帮助学生顺利完成毕业论文（设计），另一方面给予学生生涯规划方面的指导。实际上，生涯规划方面的指导本是贯穿于大学本科整个阶段之中的，但是在各个阶段又有所不同，在低年级阶段，学业导师主要引导学生树立生涯自觉意识，辅导学生进行职业生涯规划，尽早确立努力方向和奋斗目标。到了大四阶段，学业导师对学生进行更多的具体的指导，如对于毕业后准备参加工作的同学，根据学生的学科特点进行有针对性的考试、面试等方面的具体指导。学业导师的有针对性、个性化的指导能帮助学生顺利毕业，实现就业、读上研究生、出国等愿望，促进书院学生身心积极、健康发展。

此外，学业导师还根据实际情况，采取组织学生集中辅导，组织研究生与本科生互动，设立导师接待日引导学生主动约见老师讨论问题，或者利用网络新媒体进行学习讨论等多种形式开展相关指导。导师在与学生集体讨论的时候要关注学生思想动态的变化、兴趣点的转移、情绪状况以及交往异常，如果发现有类似的问题要及时对问题进行干预，并和常任导师一起对学生进行思想政治教育。“公共基础课学业导师常驻书院为学生答疑解惑。其余学业导师每两周至少与学生互动一次；每学期至少有三次互动在书院进行，其余可以由导师自由选择互动地点。”在导学过程中，学业导师若发现学生学习生活欠佳，有偏差行为或其他异常情况时，应将学生的状况与书院常任导师及时沟通。

在敬文书院，四类导师紧密合作，分工明确，在导师制的架构下实现对书院学生全方位、多层次的思想政治教育。

（四）构建以“3D 工程”为核心的党建模式

党组织是加强大学生思想政治教育的领导机构，敬文书院为了发挥党员在公寓社区的先锋模范作用，在目前书院党员人数尚不足建立党委的情况下设立了党支部，形成了新的管理模式，并启动了“3D 工程（Direct，Dormitory，Domain）”。敬文书院“3D 工程”是指将学生党支部建在学生宿舍区域内，通过在学生宿舍区域内创新党员的发展、教育和管理模式，在学生宿舍区域内深入开展理论学习、实践活动、爱心服务、志愿帮扶等工作，强化对学生党员政治思想、工作学习、日常生活的综合考察，对书院学生思想品德的发展具有很好的促进作用。

1. 实施党员先锋承诺制

敬文书院党支部在学生会（学生服务中心）设立党员先锋行动站。将党员公开承诺书张贴在学生会，接受全体师生监督。学生党员每年分别向全班同学汇报自己发挥党员作用的情况，由全班同学进行满意度测评，提出意见和建议，形成典型带动、全员互动的良好氛围。同学满意率比较低的党员，必须在支部大会上进行自我剖析，并及时做出改正。党员承诺制的实施及有效监督，一方面促进了书院学生党员思想政治素质的不断提高，保障了书院学生党员的整体质量，另一方面也有利于在思想政治教育过程中更好地发挥党员的先锋模范作用，以带动书院其他学生的思想政治素质的发展。

2. 提高党员自身素质

一方面，敬文书院党组织进入公寓社区，在公寓社区内部发展党员，与学生朝夕相处，可以更加全面地考查学生，确保党员选拔的客观、公正。对于成为党员发展对象的学生，敬文书院结合学校党的基本知识培训班或预备党员培训班的学习内容，开展党课培训，加深党员发展对象对党史、党章的认识了解，端正他们的入党动机，提升他们的思想层次，进而提高党员的质量。

另一方面，敬文书院为了进一步提升党员的素质、加强党员之间的交流联系，建立党员之家 QQ 群和党员交流微信平台，及时发布书院党支部工作动态和重要学习内容等信息，拓宽党员交流和获取信息的渠道，加强党员内部思想政治教育信息的传递和相互影响，提升党员的思想政治素质，提高思想政治教育的实效性。

3. 发挥党员先锋模范作用

一方面，设立党员服务责任区。在书院制人才培养模式下，书院就是一个小型社区。通过党员服务责任区的设立，将书院公寓社区的公共区域划成一个个责任区，每个责任区都由几名党员负责，每周服务时间原则上不少于 2 小时。党员主要负责各自区域的卫生打扫及安全。这样能提高党员的集体意识、服务意识和先锋模范的作用，以党员的先锋模范作用带动书院内其他学生思想觉悟的提升。

另一方面，建立党员亮牌示范岗，开展党员亮牌示范活动，建立党员亮牌示范岗。采取学生党员宿舍挂牌、重大活动统一佩戴党员胸牌等形式，亮出党员身份。在每个学生党员的宿舍门上张贴“党员示范岗”标牌，同时把党员示范岗的名称和内容都上墙公开展示出来，让每个党员时刻牢记自己的承诺目标，接受书院师生的监督。按照“五带头”的要求，在学生党员中设立“自主学习示范岗”“服务奉献示范岗”“精神文明示范岗”“勤勉励志示范岗”和“学术创新示范岗”。

敬文书院在先锋承诺制的保障下，“将学生党员的基本素质要求与发挥党员的先锋模范作用相结合，将学生党员接受长期教育与保持党员先进性相结合，突出了在域内发挥学生党员作用”。这一做法对于提高书院学生的思想政治水平有很大的促进作用。

（五）发挥公寓团建的思想政治教育功能

在大学生思想政治教育过程中，团组织也是重要的组织机构。为了充分发挥团组织在思想政治教育过程中的积极作用，提高书院大学生思想政治教育的实效性，敬文书院将团建工作引进公寓。团建工作坚持以习近平新时代中国特色社会主义思想为指导，坚持以培养研究型、国际化高素质创新人才和对苏州大学有深厚感情的优秀校友为中心目标，围绕书院四大核心计划，推进团的各项工作扎实、有效地开展，服务学生成长成才和推动书院内涵建设，并在团的各项活动中注重对学生的思想政治教育。

1. 完善书院团学组织制度

团学组织制度建设是思想政治教育开展的制度保证。敬文书院在书院团学组织现有的各项规章制度的基础上，根据实际情况以及实践经验，进一步修改并完善了《敬文书院学生约章》《敬文书院班团工作条例》《敬文书院学生会（学生服务中心）章程》《敬文书院院内义工实施办法》《敬文书院荣誉学分管理条例》《敬文书院学生管理办法》《敬文书院学生科研与创新创业项目实施办法》等规章制度，从制度上保障了团学组织在书院大学生思想政治教育过程中积极作用的发挥。

2. 创新团学组织模式

敬文书院以楼层和宿舍为单位将每个年级的学生分别分成四个班团，创新学生管理模式，并分别以“明德”“至善”“博学”“笃行”给每个班团命名。各个团支部除了做好团费的收缴、团员教育评议和团内推优等常规工作外，还开展内容丰富、形式新颖的主题团日活动，并运用微博、QQ 群、微信等新兴媒体，号召团员、吸引团员、凝聚团员，充分发挥团员在思想政治教育过程中的先锋模范作用，发挥宿舍团小组、网络团支部等不同载体团组织在思想政治教育过程中的作用。

3. 打造团学服务平台

为了更好地服务学生，密切了解学生的思想动态，更好地开展思想政治教育工作，书院开发了荣誉学分管理系统以及掌上 App 系统。掌上 App 系统可以让书院学生及时、准确地了解到与他们学习发展相关的通知发文、新闻动态等各类信息资讯，为书院服务社区学生成长成才，促进社区共同体建设提供了良好的平台，同时也提升了书院的管理服务育人水平。

4. 积极开展团日活动

团日活动是大学生思想政治教育工作中非常重要的一个环节。敬文书院的团组织建设团日活动主题鲜明，以四大核心计划——科技人文融通计划、生涯辅导计划、领导力培育计划、联动协同计划为主线，结合书院学生不同学科背景的特点，在书院团委的带领下，各个支部的活动开展得有声有色，活动形式多样，目前有志愿服务类、校外交流类、爱心捐助类、团队竞赛类、趣味拓展类等。如志愿服务进入银色家园、与苏州园区一中同学们共同植树手拉手共成长、惠寒日爱心捐助等活动让同学们受益匪浅，感恩犹在。又如，书院的团日活动以爱心奉献、志愿服务为主题，注重班级与学生组织的联系配合，增进同学友谊，积累经验，打造了“爱心储蓄行动”等一系列有意义的活动。这些都是形象而生动的思想政治教育实践课，不仅丰富了学生的课余生活，也在实践中使学生的理论知识得到深化、思想境界得以升华。

（六）在“三自教育”中落实思想政治教育

为了更好地在公寓社区内对大学生进行思想政治教育，同时唤起书院学生的责任感、使命感和义务感，使学生的主体作用得到充分发挥，将书院社区真正建设成为学生自我管理、自我服务、自我教育的精神乐园，书院成立了学生会（学生服务中心），并以此作为思想政治教育的有力平台。

1. 在自我管理中落实思想政治教育

敬文书院鼓励书院同学积极加入学生会大家庭，对书院事务进行自我管理。书院学生会主席团对内负责学生会（学生服务中心）的全面工作，统筹各职能部门开展工作，召集主持主席团会议和全体成员会议，并及时向书院的学生事务中心（团委）和校学生会、校团委汇报工作情况与工作进展；对外代表敬文书院和各兄弟学院交流与合作，充分吸收适合书院发展的建议、意见和宝贵经验。主席团就像学生会的“大脑”，通过主席团的管理，学生会各项工作有条不紊地展开。在学生活动开展过程中，主席团始终引导书院学子牢记“为国储材，自助助人”的敬文精神，对学生会各项工作的开展进行指导与管理。

2. 在自我服务中落实思想政治教育

学生关爱中心、学生志愿中心的工作开展秉承了敬文书院“自助助人”的精神，成为学生自我服务的家园。

学生关爱中心主要负责与学校学生工作部（处）之间的联系，具体任务有：首先实现与财务处对接，负责学生助学、贷款工作；其次是与医保办对接，做好学生医疗保险、爱心基金等学生事务等工作。在军训期间，关爱中心的同学们为新生送上清凉的饮料，鼓励他们在艰苦的训练中坚持下去，让刚刚来到陌生城市的书院新生们感受到了如家一般的温暖，很快就帮助新生融入了书院这个集体。关爱中心用春风化雨般的温情为书院同学的团结作出了很大的贡献。

学生志愿中心的主要职责是负责书院暑期社会实践活动的开展，负责校内外各种公益活动的组织和参与。志愿活动是书院思想政治教育的重要环节。书院推出了二十多个义工岗位，努力在大学生社区管理及自我服务方面创造经验，实践“自助助人”的敬文精神。在自助的同时，志愿中心和各个团支部还多次组织同学走出书院，服务社会，奉献爱心，开展校外的志愿服务活动，不断将“为国储材，自助助人”的敬文精神发扬光大。书院自成立以来，共组织学生在校外开展多项志愿服务活动，并建立双塔街道百步街社区志愿者服务实践基地，在社区长期开展志愿服务和公益活动。通过志愿中心的工作，书院内形成了良好的公益氛围，使书院的品德教育深入人心。

3. 在自我教育中落实思想政治教育

通过敬文书院学生会学生引航中心、学生创新中心、学生发展中心、学生文化中心各项工作的开展，书院在“研究型、国际化”人才的培养道路上不断前进，书院学生明确了自我发展的目标，做到了在自我教育中落实思想政治教育。

学生引航中心主要负责书院四大核心计划中的科技人文融通计划、领导力培训计划，打造为学生成功服务的品牌项目，如敬文讲堂、好书阅读计划等；引领学生思想，统筹协调各个团支部开展主题团日活动；做好学生骨干培训的相关工作，如实施团校“大学生青年马克思主义者培养工程”精英人才计划等。学生引航中心通过对敬文讲堂、好书阅读等活动的组织，为书院学术氛围的营造贡献了许多力量。

学生创新中心主要负责组织学生参加或自行举办各类创新型、学术科研型竞赛，如校团委、校学生科技协会大学生课外学术科研基金项目的申报，“瑞基杯”大学生创业计划竞赛，“挑战杯”全国大学生课外学术科技作品竞赛，教务处大学生创新性实验计划等，全面培养和提升学生的科研、创新能力。通过创新中心各项工作的开展，书院学生积极参加各项学术科研项目，在科研项目的实施过程中开阔了眼界，锻炼了能力，收获了成长。

学生发展中心主要负责书院核心计划之生涯辅导计划的有效实施，帮助学生规划学业和职业生涯。学生发展中心与教务处对接，指导学生选课和专业学习，端正考纪、考风和学风；与招生就业处、学生职业生涯规划辅导中心（挂靠招生就业处）、国际合作交流处对接，邀请不同领域具有创新思维的社会精英担任指导顾问，或者有生涯规划实践经验的高年级学生与书院学生交流分享，积极鼓励和组织学生参加各类职业生涯规划大赛、出国交流等。学生发展中心各项工作的开展，帮助敬文书院进一步落实“研究型、国际化”人才的培养。

学生文化中心主要负责与校社团联合会对接，统筹书院的社团工作；负责敬文书院整体文化氛围的营造，团结班级生活委员及各宿舍长，配合后勤处、宿舍管理办公室建设独特的书院宿舍文化；自行组织丰富多样的书院文化活动，组织书院学生参与各类校级校园文化活动及比赛，如新生舞蹈大赛、炫舞大赛等。文化中心通过开展丰富多彩的活动，为书院学生提供了展现自我的舞台，对学生形成优良的品格、培养出众的交际能力有很大的帮助。

（七）通识教育与思想政治教育相结合

为了更好地发挥通识教育的思想政治教育功能，书院制教育模式之下就还需普及通识教育理念，实现通识教育与专业教育的有效对接。

1. 在通识教育理念普及方面的举措

首先，积极探索开设通识教育课程。敬文书院在全人教育理念的指导下积极进行通识教育的实践，最直接的举措就是通识课程的开设，书院通过“敬文讲堂”这一载体整合通识教育资源。敬文书院的敬文讲堂按课程主题不同分为艺术审美、创新探索、文化传承、经典会通四个系列，要求每一位书院学生必须修读完四个学分的通识教育课程方能毕业。敬文讲堂有效地将科学教育与人文教育结合起来，让学生在潜移默化中实现全面发展。

其次，努力提高通识教育队伍的整体素质。在完善通识教育课程体系之外，书院还十分重视通识教育的队伍建设。一方面，书院聘请的各类导师需要认同通识教育的理念，在平时导学工作的开展过程中需要将教学内容和通识教育联系起来，鼓励学生拓宽知识面，在学术研究中注意交叉学科知识的运用；另一方面，书院敬文讲堂系列始终坚持邀请高水平学者担任主讲，保证通识教育课程内容的经典性。

再次，全面评价通识教育的推进效果。书院对通识教育课程有比较全面的考察体系，学生平时会将通识教育课程学习的心得记录在“点滴板”上，形成自己的知识储备。此外，书院对敬文讲堂课程采取过程化考核，注重学生在平时的学习、积累、运用。考核方式有课程考试、课程作业、课外实践等多种手段。

2. 在通识教育与专业教育方面对接的举措

首先，开设敬文讲堂，对书院学生进行第一课堂的通识教育，实现专业教育与书院通识教育的有效对接。

其次，实施四大核心计划，即科技人文融通计划、生涯发展辅导计划、领导力培育计划、联动协同计划，对书院学生进行第二课堂的隐性融通。在体系化的通识教育课程之外，书院在通识教育的非形式化方面也进行了一些探索。书院在建设过程中认识到，仅仅依靠形式化的课程建设来推进通识教育是远远不够的，通识教育的最终目标是影响学生的思维方式与实践能力，因此在教育过程中需要注重提升学生的实践能力，这样才能帮助学生将抽象的观念具体化为实际的行为，才能真正提升学生的个人品德和综合素质，才能真正培养学生的健全人格。因此，书院将通识教育的理念融入平时的学生活动之中，在实践锻炼中拓宽学生的知识面，培养学生的综合素质。书院十分重视暑期社会实践的开展，每年暑假都会组织高质量的实践团队，主题涵盖了山区支教、文化寻访、科研实验等多个方面，鼓励学生利用暑假的时间参加团队合作，锻炼自己的实践能力和交往能力。

在社会实践之外，书院还有丰富多彩的学生活动。比如书院每年举办“智慧之星”活动，通过知识竞答的形式激发大家对文化、科学知识的兴趣；书院每年还会选拔队伍参加学校的英语短剧大赛，书院学生自己负责剧本的编写、演员的选拔与训练，并且连续两年获得全校二等奖，极大地激发了学生的自主意识。通过以上这些活动，书院学生在实践锻炼的过程中开阔了视野，丰富了知识。这种非说教式的教育方式有效避免了正面教育产生的逆反效果，深受学生的欢迎，在潜移默化的过程中影响学生并提升学生的个体品德素质，这对于大学生完整人格的培养起到了重要的推动作用，有利于发挥思想政治教育的实效。

（八）开发完善思想政治教育现代手段

针对传统的思想政治教育方法、手段在书院制模式下运用出现的新情况、新问题，敬文书院在学校学生处的支持下，以网络中心为载体，不断创新思想政治教育方法，并利用现代信息网络技术手段建立了书院学生事务管理系统、荣誉学分系统、掌上 App 系统。这些做法改善了敬文书院思想政治教育信息的传播途径，扩充了书院思想政治教育的传播渠道，弥补了书院制下单纯依靠传统思想政治教育方法和手段的不足，提升了书院思想政治教育的影响力和水平。

1. 开发学生事务管理系统及掌上 App 系统

为了及时有效地获取学生的思想动态，敬文书院开发了学生事务管理系统。书院学生群体具有高度异质化的特点，学生来自不同的专业学院、不同的专业，这使得每个人的上课内容、时间、地点都存在差异，课余时间也并不统一。通过学生事务管理系统，书院可以比较方便地获取学生的各项信息。比如，通过门禁管理功能可以获取学生晚归记录，通过食堂消费统计可以及时了解学生的消费状况，通过成绩查询功能可以了解到学生的各种成绩，一旦学生在心理、学习、经济状况等某个方面出现问题，书院的常任导师可以在第一时间获悉，从而开展有针对性的思想教育。

在信息发布方面，为了及时有效地将思想教育信息传递给学生，书院开发了掌上 App 系统，建立手机客户端。一方面，该系统与学校网站的信息同步，方便书院学生及时了解学院的最新消息和通知，了解学院对学生思想、心理等方面的发展要求，加强书院与学院之间的联系；另一方面，学生通过该系统可以更加深入了解书院的相关信息，系统中包括书院印象、通知公告、辅导资讯、新闻动态、敬文讲堂、学术报告、党建工作、学生工作、导师风采、荣誉榜、加盟申请、信息推送、敬文通信等模块，加强了学生对书院的了解及与书院的联系。例如，通过推送模块，老师可给装有此 App 的用户发送推送消息。推送消息可以定时、定向发给特定的学生或群体，也可给所有用户。敬文通信模块内有敬文书院同学的通信方式，通过该模块可以将敬文书院同学的通信方式添加到手机通讯录里，相当于书院的移动通信。

总而言之，学生事务管理系统和掌上 App 系统可以让书院学生及时、准确地了解到与自己学习发展相关的各类信息资讯，为书院服务社区学生成长成才、促进社区共同体建设提供了良好的平台，同时也提升了书院的管理、服务、育人水平。

2. 完善荣誉学分管理系统

在思想政治教育工作中，为了激励学生对自己提出较高的要求，在“培养研究型、国际化、高素质创新人才”的道路上健康成长，从而养成健全的人格、高尚的道德品质，且培养学生高度的社会责任感，敬文书院制定了荣誉学分制度，并开发了荣誉学分管理系统。

荣誉学分是书院推出的一项全新管理方式，旨在引导学生养成良好的行为习惯，促进学生个性培养、全面发展，提升学生综合素质和创新精神。它既是书院加强学生自我管理、促进社区共同体建设的重要平台，又是学生评奖评优、党员发展以及书院实施优补退出机制等的重要依据。荣誉学分的内容设置紧扣以提升学生核心竞争力为目标，主要包括道德品质素养、人文艺术素养、科学创新素养、自主学习能力、生涯发展能力、组织领导能力和国际竞争能力七个模块。荣誉学分包括的这七个模块的考查内容与大学生思想政治教育的理念是相契合的，对培养学生良好的思想道德品质发挥着重要的作用。此外，书院还制定出科学合理的荣誉学分量化表，根据每个模块所设置的内容以及荣誉学分量化表格的规定，入学初给予每一位学生 60 个基本学分，对达到书院要求、表现突出的同学给予加分，对达不到书院要求或违反相关规定的同学给予减分。

此外，书院还利用现代网络技术建立网上荣誉学分管理系统，将上述七个模块能力素养的量化得分及时上传到该系统，书院的学生、老师都可以登录到该系统了解相关信息。通过该系统，一方面，学生可以清楚地了解到自己和其他同学在各个模块的发展情况，以及自己在书院中处于什么样的发展水平，通过直观的比较清楚地了解自己存在的不足，有利于学生及时查漏补缺，进行自我教育；另一方面，书院大学生思想政治教育工作者也可以及时了解到每个学生在各个模块中的发展情况，以及学生之间发展的具体差异，根据学生的具体情况加以指导，提高大学生思想政治教育的针对性和实效性。

第三章　公民意识的由来

什么是公民意识？不同学科、不同研究领域有不同的解释。单纯从某个或某些方面理解公民意识，尽管可以起到强调政治、法律、道德、心理在公民意识中的重要性的作用，但都有失偏颇。既然公民属于法律的、国家的、社会的、文化的范畴，从个人与国家、社会和其他公民的相互关系的角度去界定公民意识会更合理、更全面，这也是学界的基本共识。

第一节　公民意识概念的界定与表征

“界定”是给概念下定义或做出描述性的定义。目前很难对公民意识下一个科学的定义。“表征”也称心理表征或知识表征，是指信息在人脑中记载和呈现的方式。学界对公民意识概念的描述性定义和具体表征如下。

一、公民意识是公民自我意识与社会意识的统一

公民意识首先是公民的自我认知与自我认同。“我是谁？”“我从哪里来？”“要到哪里去？”人类不断地发出这样“自问”。于是，帮助人们认识自己的科学——心理学应运而生，并在 21 世纪成为非常重要的研究领域。

其次，公民意识是公民的社会意识，是公民社会意识的一种存在形式——对自己基本社会身份的心理认同和理性自觉，其实质是公民个人心理层面上对自己在社会生活中的法律地位和社会地位认识基础上产生的公民认知、公民情感、公民意志行为相统一的社会认知。

公民意识正是公民通过对自己的公民身份、公民角色的认识，明确了自己在国家和社会中的社会地位、社会权利和社会责任，继而将把国家主人的责任感、使命感和权利义务观融为一体，在社会生活中正确行使自己的权利，自觉履行自己的义务。

所谓角色，也称“社会角色”，是指个体与其社会地位、身份相一致的行为方式以及与之相应的心理状态。社会角色可按不同依据划分成不同类型，如根据角色的获得方式分为先赋角色（父母、儿孙）和成就角色（企业家、教师）；根据角色的规范化程度分为规定型角色（教师、医生、公务员）和开放型角色（朋友、同学、同事、邻居）；根据角色

的功能分为功利型角色（企业家、销售商）和表现型角色（学者、公务员、志愿者）；根据角色的心理状态分为自觉角色（性别之外的所有角色）和不自觉角色（性别）。每个人在其一生中，都同时承担多重角色，并不断地变换着自己的角色。每个人所经历的角色扮演过程中都包含了角色期待（社会公众对其行为方式的要求与期望）、角色领悟（个体对角色的认识和理解），以及角色实践（个体实际在社会生活中表现其社会角色）等要素。现代社会，当社会成员之间的身份界限被逐渐打破时，“公民”这一基本的、共同的角色便凸显出来。

公民意识也是一种现代意识，反映了商品经济中的平等、自由、法治等原则，并由此衍生出市场观念、效益观念、诚信观念、竞争与合作观念等现代意识。

二、公民意识是公民自我体验、自我评价的基础及公民价值取向

公民意识是公民对自身社会地位、社会权利、社会责任和社会基本规范感知的基础上，产生相应的情绪、信念、价值观念、行为准则，以及内化而来的自觉、自律的自我体验和自我把握；是公民根据对自己的法律地位、政治地位和社会地位的自我认识与认同，形成的对社会政治生活和公民行为的合理性、合法性的自我价值、自我人格、自我道德的评判；并以此形成支配自己社会行为的基本价值观念。从而影响或主导公民的行为，对公共事务做出积极或消极、冷漠或热衷的反应。

第二节　公民意识的内涵及其构成

公民意识是一个由有内在逻辑联系的观念群组成的复杂、多元的观念形态系统，其内涵极其丰富，基本涵盖了公民政治生活、经济生活、文化生活和社会生活全过程的各个方面。

从“公民意识”的词语构成来看，可将公民意识分解为“公民”“意识”两个词。“公民”中的“公”与“私”相对，指“属于国家的或集体的”；“属于国际的”；“共同的”；“公事”；“公务”等（现代汉语词典．商务印书馆，1979：377）。可当“公共事务、公共问题”讲。“民”指“人”，即一定社会的民众。从本质上看，“公民”就是关注公共事务、参与社会管理和公共问题解决的人。

“意识”是多学科，如哲学、心理学、神经科学、认知科学、社会学等共同关注的问题。从词源上分析，意识源自拉丁文“consciencia”，意为“认识”。心理学认为，“意识是人所特有的心理现象”，“是包括感觉、知觉、记忆、想象、思维在内的一种具有复合结构的最高级的心理活动”（张昱，1982）。意识反映着人的精神觉醒状态，贯穿着个人的认知、态度与行动，因而构成人的存在。公民意识涵盖了公民与国家（政府）在政治、经济、文化和社会发展等方面的基本关系。

一、对公民意识内涵不同研究领域的理解与划分

不同研究领域的视角不同，对公民意识内涵的理解与划分也不同。主要有五种观点。

第一种观点是从政治的角度划分。自从阿尔蒙德（G.Almond，1911—2002）提出"政治文化"问题以来，文化已成为人们思考政治问题的重要视角。从政治、政治学的角度看，公民意识是国家政治文明和民主化进程的动力源，是社会政治文化的重要组成部分，它集中体现了公民对于社会政治系统以及各种政治问题的态度、倾向、情感和价值观。公民意识至少包括公民的政治认识（对政治基本常识的了解）、政治情感（对政治生活的热情和关注程度）、政治意志（在政治生活中对于自己政治选择的坚定程度）、政治观念（在一定的政治认识、政治情感、政治意志等因素的综合作用下形成自己的独特政治观）等。从公民有序政治参与的角度分析，公民意识要素包括公民的社会责任意识、公民的法制意识和公民的政治宽容意识。发展民主政治视角下的公民意识包括民主法治、自由平等和公平正义三个理念。

第二种观点试图揭示公民意识的经济内涵。提出公民意识应当包括全球意识、竞争意识、合作意识、可持续发展意识等。其中，全球意识是前提，没有全球意识，很难在全球化时代实现发展。应当摆脱传统限于地域的思想意识，将自己的眼光扩展为全球视野，把握经济走势，适应经济发展。竞争意识是关键，是保持社会活力，促进社会发展的加速剂；是在整个现代社会发展中谋求自身地位和发展的基本要求。没有竞争意识，就无法调动发展的积极性，实现效益的最大化。合作意识是条件，本质上是对他人的信任，实质上是一种整体意识。没有合作意识，任何个人和国家都不能单独在社会发展中获取自己发展所需要的各种资源，取得快速发展与成功。可持续发展意识是动力，只有具备了可持续发展意识，既考虑考当前的发展，更着眼于长远的发展；既考虑自己的发展，更要谋划他人和后人的发展，才能使发展可持续、不间断。

第三种观点是以社会的、道德的视角看公民意识的内涵。认为公民意识是一种社会道德意识，反映了一个公民应当具备的道德素养。主要包括社会关怀意识（其实质是人文关怀的道德意识）、社会责任意识（公民自身对于自己在社会中的存在具备承担一定责任的意识）、社会贡献意识（发挥自身能动性、创造性，对社会作出更大的贡献）和社会价值意识（公民在自身利益与社会利益相冲突时，应该能够考虑利害得失，实现社会价值）等。

第四种观点主要诠释的是公民意识的文化内涵。作为现代公民应该具备的文化认识、文化心理、文化理性和文化自觉等。突出地反映了公民对于文化重要性的认识程度；公民在个人的成长过程中受文化传统制约所形成的具有一定稳定性的心理状态；现代公民在自身一定的文化素养基础上，对于国家、社会文化的理性认识水平；以及现代公民在文化理性认识的基础上产生的文化的自我觉醒、自我反省、自我创建。其中文化自觉是公民意识文化内涵的最高层次，也是公民自身以及社会文化发展的关键。没有对文化的理性认识，

以及对文化发展的深入思考，文化自觉是不可能形成的。

第五种观点是从哲学和公民意识的心理成分分析。公民意识是人类自由自主活动内在精神的自觉反映和要求，是公民个人在心理层面上对自己在国家生活中法律地位的一种认识状态和实践状态相统一的行为方式。包括三个层面：（1）公民认知（即公民必须具备丰富的公民知识，作为处理公共事务、解决问题的基础能力）；（2）公民态度与情感（有高尚情操与良好德行）；（3）公民参与与公民行为（有参与公共事务的意愿和参与的技能）（张秀雄，2008）。

二、对公民意识内涵的不同层次的理解与划分

有的学者把公民意识从低到高分为三个层次：（1）公民意识的基础内容；（2）公民意识的核心内容；（3）公民意识的延伸内容。这三个层次相互联系、相互渗透，构成社会主义公民意识的完整途径。

有的学者按照公民意识自身的内在逻辑联系层次分为：（1）核心内涵；（2）具体内涵；（3）延伸内涵。

也有学者认为，公民意识由内向外分为：（1）核心层面；（2）中间层面；（3）外显层面。

三、对公民意识内涵平行结构的理解与划分

多数学者赞成公民意识是多维、多元，彼此相互平行、并列的，有内在逻辑联系的一组意识群。其中又有三分法与多分法。

1. 三分法

有的学者（马长山，1996）主张公民意识的内核是合理性意识、合法性意识、积极守法精神与公共精神三元内在构成。

有的学者从政治、法律和规则方面阐释公民意识：公民意识包括政治上的参与度、团体归属感；法律上的合作意识、规则意识和契约意识；道德上的自律与社会责任感。

此外，还有把公民意识分为公民的道德意识、纪律意识和法律意识；或公民的主体与权利意识、法律与责任意识、公共与私人道德意识；或公民的主体意识、权利意识、社会责任意识；或公民的法律意识、道德意识和信仰意识；等。

2. 多分法

多分法实际上是对三分法的延伸。其中有四分说、五分说、多分说。如分为国家意识、法律意识、民主意识、公德意识；分为主体意识、权利与义务意识、参与意识、民族国家意识；分为爱国意识、社会主义意识、权利与义务意识、民主与法治意识、道德与文明意识、自立意识、竞争意识、效率意识、开拓创新意识。

有的学者（秦树理等，2008）将公民意识分为 18 种之多，包括国家意识、民族意识、

国际意识、民主意识、权利意识、责任意识、法律意识、政治意识、平等意识、公平意识、自由意识、公共意识、参与意识、道德意识、文明意识、纳税意识、交通意识和生态意识。

虽然学者们对公民意识有不同的划分，但却有其共同性。第一，有核心内容与其他内容之分。第二，认为构成公民意识的各因素之间是并列的关系。其中不可或缺的有：主体意识（包括身份意识、平等意识、主权意识、参与意识）、法律意识（包括权利意识与责任或义务意识；民主与自由意识、守法意识）、国家意识（包括民族意识、爱国主义、民族自尊、自信、自强意识）、责任意识（对权利的自我限制、对权利冲突的平衡与协调）、道德意识（包括公德——公共意识、生态意识、文明意识；私德——积极心理品质）、全球意识（人类意识、国际意识、世界公民意识、合作意识）等。其中有部分重合。

四、对公民意识内涵的多层次、多侧面和多维度分析

有学者（张积家等，1994）根据系统论的观点，提出公民意识的结构应当是一个多层次、多侧面和多维度的整体——既有静态的结构，又有动力的特征。其中的静态结构包括“遗传素质”“人格特征”“心理过程”和“内容结构”四个层次，每一层都由众多因素构成。

公民意识各个层次、各个因素不是简单的堆积，而是相互联系、相互影响。这就是公民意识结构的动力性的第一个、也是最突出的特征。表现在横向上，每一层次的各种因素密切联系，形成一个整体。如人生观、价值观是人格的基础，是公民人格的核心，影响和制约着需要、理想、信念等因素的发展；而这些因素的形成和发展也会影响人生观、价值观。从心理过程的各要素分析，在公民认知基础上产生的公民情感和意向，又对公民知识的掌握和公民认知的深化起加速器的作用。内容结构层中，道德意识、民主意识和法律意识是核心，影响和规定着其他意识内容的性质与方向（不同社会制度下的公民意识，如社会主义公民意识与资本主义公民意识是有本质区别的）；其他意识内容的形成又促进了道德意识、民主意识和法律意识的形成与发展。表现在纵向上，公民的人格特征既离不开先天的遗传素质，又对遗传素质起制约、调节和改造的作用；与此同时，对公民认识、公民情感和公民意向的形成的作用不可忽视；而公民人格的升华和深化，恰恰要受公民认知、公民情感和公民意向的影响。居于公民意识结构表层的内容结构与公民认知、公民情感和公民意向更是密不可分，前者是后者的具体体现和发展，后者是前者产生的基础。没有人的知、情、意，就不会有公民意识的具体表现。

公民意识是逐步形成和不断发展变化的，这是公民意识结构动力性的第二个特征。个体从出生到成年，人生每一阶段的公民意识结构都发生着各种各样的变化。公民意识的各个层次的形成也不同步，在不同年龄阶段有不同的发展任务。大学阶段公民意识的发展，主要是公民意识的层次、水平的提升，以及公民意识内容的深化。

公民意识结构的稳定是相对的，不同时期、不同场合，面对不同对象，都会以不同的侧面表现出来，就像个体的人格特征一样。如工作中严谨认真，生活中却可能很随意。不

仅如此，已经形成的公民意识也可以经过社会化、再社会化的过程，进一步发展和完善。

从以上观点可知，学者们力图穷尽公民意识的所有内容。这既不可能，也无必要。否则，容易使公民意识教育泛化或空置。重要的不是讨论公民意识究竟包括哪些内容，而是研究如何对大学生进行公民意识的教育。

第三节　公民意识的特点

一、个体性与社会性

公民意识只有通过个体意识才能反映和表现出来。首先，公民意识产生的物质基础是公民个体的“脑”。意识（心理）是脑的机能，是脑对客观现实的反映。没有脑，就不可能有人的意识；离开了公民个体的脑，也就不会有公民意识。也就是说，个体的脑是公民意识的基础，公民意识是人脑的产物。其次，公民意识是在公民个体社会化过程中形成、发展、变化的。虽然公民的社会化受到不同时期的社会环境的影响，但毕竟是公民个体的“社会化”，每个个体形成和表现出来的公民意识的内容、表现方式都有所不同。第三，公民意识受公民个体的人格特征、整体素养的影响。不同个体的人格特征不同，其公民意识的形成、表现方式以及公民意识的改善、提高等都有所不同。第四，公民意识教育的目的是通过提升公民的意识水平，继而促进个体的健康、全面发展。改善和提高公民意识就是为了社会的发展和个体的发展，而社会发展的终极目标还是落实到个体的健康全面发展。因此，公民意识是一种个体意识，具有个体性。

然而，公民意识是社会意识的存在形式，是公民对自己与所处的环境（主要就是国家、社会和自然）关系的认识，具有明显的社会性。首先，公民意识的内容来源于社会。每个人都生活在特定的时期、特定的社会、经济、文化之中，受其影响，公民意识无不打上一定社会的烙印。不同社会制度、国家体制、公民个体所处的社会阶层等，不仅影响公民意识的内容，也影响公民意识的形成和公民意识的特点。没有周围环境的影响，就不可能形成对自己与国家、社会和自然等环境因素的关系的看法，也就无从形成自己的公民意识。第二，公民意识与社会发展相互影响。一方面，社会发展影响公民意识，社会的发展变化，带来公民意识的发展变化，如我国传统社会，没有公民，也就没有公民意识；“公民社会”的不完善，公民意识的发展也有一定的局限性。另一方面，公民意识影响社会发展，公民意识水平高，社会发展也快，反之亦然。

二、历史性与时代性

首先，公民意识具有历史性。如何一个社会、一个国家公民意识的产生和发展都离不开其特定的历史条件下，都不可能摆脱历史文化传统的影响。文化传统在一定程度上带有“滞后性”，需要不断地传承、创新，使公民意识与社会需要、社会发展相一致。

其次，公民意识具有时代性。公民意识随着社会的发展而发展，具有明显的时代特征。全球化、多元化、信息化、国际化语境，成为当代社会公民教育的特点。现代公民需要有全球的眼光、大国的心态、世界公民的胸怀。新形势、新挑战，公民意识的形成与培养，有许多新问题需要研究和解决。

总之，不同文化背景、不同时期的公民意识都是不同的。今天的大学生与几十年前、十几年前、甚至几年前的大学生在身心发展特点上、思想上、行为上都有这样那样的差异，他们的公民意识的特点、形成与发展等显然也不尽相同。现阶段我国公民意识具有先进性和广泛性，符合社会发展规律，顺应历史潮流是公民意识存在和发挥作用的关键所在；多种经济成分、多种文化元素并存，公民意识的内容更广泛、形式更多样。

三、内隐性与外显性

公民意识是公民应具有的思想观念。观念常常是内隐的。正所谓“知人知面不知心”。但主体的心理、观念必然通过外显的行为表现出来。因此，对人的认识，“听其言、观其行”，便有“知其心”的可能。意识、观念是人行为选择的内在依据，具备怎样的公民意识，有怎样的公民素养，便才有怎样的公民行为。“伪装”不可能长久，说谎的人，在生理上和行为上都有别于说真话时的状态，在有经验的人面前、在专门的设备面前，在心理测试中会现出“原形”。

第四章　大学生应具备的公民意识

20世纪90年代以来，公民教育在全球范围内复兴，一种新型公民教育——“主动公民教育”正在成为各国公民教育的基本趋势。人们纷纷探索“主动公民”的培养，而不是仅仅满足于“对规则的习惯性的忠诚与本能的服从”的“好公民”。现代社会需要的公民“有能力并有资格对公共生活施加影响”，具备“在说话与行动之前权衡证据的批判性能力”，积极参与“志愿活动与公共服务”，并且拥有发现“新的活动形式”的个人信心（饶从满，2006）。这样的公民素养，需要新型的公民教育来培养。

我国大学生公民教育，集中在公民意识教育、公民素养和积极心理品质的培育，以及大国心态、世界公民的培养等方面。根据大学生公民教育目标的三个层次和领域知识、技能和态度，结合联合国教科文组织提出的21世纪教育的四个支柱——学会认知（学习）、学会共处（交往）、学会做事、学会做人，确定大学生公民教育的具体目标和内容：第一，强化学生对公民知识、民族文化的认知和认同；理解和接受社会主义核心价值观；明确自身的权利和责任，以便有效地参与全球化和多元社会之中。第二，注重对学生积极参与社会的技能的训练，包括选择、获取、评价和利用信息的技能，人际沟通的技能；科学决策的技能；有效解决差异和冲突的技能。第三，激发公民情感，形成正确态度，具备诚实守信、真诚热情、好学上进、自尊自信、宽容大度、乐观开朗等优秀品质。根据国际社会的理解，世界公民教育不仅要培养学生全球相互依存的意识，增进国际的理解，也要培养他们将来在国际社会环境中生活、工作所需要的知识、能力和态度。

第一节　学会认知：公民知识与公民意识

学会认知的本质是“学会学习”，关键在于“学习如何学习”。人类的学习有两种类型：维持性学习和创新性学习。前者是学习人类已有的知识经验，提高解决当前已经发生问题的能力。中小学生的学习主要属于这种类型。后者的学习目的主要是提高发现、吸收新信息和提出新问题的能力。这种学习是大学生的主要学习类型。信息化时代，科技知识和水平的日新月异，不能仅仅满足于掌握现成的知识，解决可采用现成方法解决的问题。这样，创新型的学习显得越来越重要。要使大学生学会学习或学会认知，需改进教学方法，“授之以渔”，使学生具有大学阶段的学习，乃至终身学习所必需的学习力。

一、认知、认知能力在公民道德形成中的作用——公民知识的意义

心理学是研究心理现象的科学，心理现象包括心理过程和个性（人格）。认知属于心理过程，其中有感觉、知觉、记忆、思维、想象，还有伴随心理过程的注意和意识状态。认知心理学把人的心理活动比拟为计算机的信息加工过程，如信息的选择、输入、编码、存储、提取过程等。感知觉（特别是视觉、听觉）是人们从外界获得知识的主要渠道。人的学习过程、社会生活，都离不开认知。

思维是认知中的核心，人类的学习过程，是发现问题、提出问题和解决问题的过程。可以通过思维训练，提高大学生的认知能力。研究表明，专家与新手在解决问题能力上有较大差别。

（1）理解和表征问题的不同：专家能把问题及问题之间的关系放在整个问题的背景中，然后根据问题解决时所使用的原则或方法来理解问题；新手却把问题孤立起来或表面化。造成专家和新手这方面差异的可能原因是，专家比新手具有更丰富的专业知识，在长时记忆中对知识的组织形式更有效，并能有效利用工作记忆空间。

（2）问题解决速度差距：专家记忆里储存着大量的解决问题的实际经验，掌握了多种自动化的解题技巧，可保证解题时的快速、简便，甚至可以在不经意间“信手拈来”。即使是新问题，他们也能迅速从记忆中寻找相似“案例”，并灵活地应用该案例的解题方法。

（3）问题解决过程侧重点各异：面对不熟悉的问题，专家会用大量的时间来问题进行“质”的分析，而新手则把自己所能想到的方法一一尝试。如，解决某一问题，专家用了 5 分钟，新手要用 10 分钟。专家用 3 分钟（60%）分析问题，制定解决问题的方案，剩下的时间具体执行方案。新手思考和制订计划用时 4 分钟（40%），却用大量的时间实际操作。

（4）对问题解决过程的监控有别：初学者不会评估解决问题的结果，解题完成，就以为任务完成，不善于演算、验证结论的正确性，也不善于总结提高。

开发学生的思维力，一是创设问题情境，激发思维的积极性。“思源于疑。”问题情境可激发学生分析问题、解决问题的愿望和渴求，培养他们的探索精神。二是培养良好的思维品质——积累知识经验，扩大认识领域，学会全面、深入地思考问题，使思维具有广阔性、深刻性；善于独立地提出问题和解决问题，不轻信，不盲从，不受暗示与束缚，使思维具有独立性、灵活性；严格遵循逻辑法则，推理严谨，证据确凿，随机应变，另辟新径，使思维具有逻辑性。三是丰富语言。精确的语言、正确的语法，可使人思维清晰，系统性、逻辑性增强。要求语句完整，用词准确，条理清楚，教师应注意培养学生的口头表达能力、书面作业能力和内部言语能力，并善于把内部思想变为外部语言。

人们对公民道德和公民素养的认知，主要基于对道德和素养的一般认和自己的经验，在主体的心理上产生这样的认识——道德和素养是重要的，继而形成关于道德和素养的

观念。

公民知识的掌握，一是课堂学习，二是实践中获得和巩固，三是在社会化过程中，通过观察、模仿，潜移默化地接受和使用。教育和教学过程中，应根据学生的认知特点，传授公民知识。大学阶段的公民知识范畴很广，几乎涵盖了人类知识的全部——专业知识、人文知识、社会知识等。

二、现代公民应有的公民意识——新形势下大学生公民意识教育内容的探讨

具有公民意识的公民才是真正意义上的公民。大学生只有在深刻理解公民的内涵，认识到自己作为一个公民应当承担的责任的基础上，才能成为一个真正意义上的现代公民。

大学阶段是公民意识形成、稳固的关键时期，也是公民意识教育的关键时期。大学生精力旺盛，情感丰富，易于接受新事物，具有很强的可塑性和适应性，他们是“一国之希望”，承担“一国之未来”。但社会阅历不够丰富，知识结构、识别能力有待完善和提高，面对各种思想文化的相互激荡、各种诱惑和选择时，可能难辨真伪而感到困惑和迷惘，影响了他们的成人与成才。

公民意识教育是公民教育的核心。现代公民意识中不可或缺的有：主体意识、国家意识、公德意识、环境意识等。

（一）主体意识与责任公民

1. 主体意识

公民意识是公民作为国家主人和社会主体的意识。包括主体对自我的存在意义和价值的认识，对自己是国家主人的自觉意识，即作为国家的主体，对其自身地位、能力、存在价值的自我觉知。事实上是对国家与公民之间关系的认识，涵盖了民主与法制意识、权利与义务意识、平等意识、责任意识和参与意识，是公民意识的核心，也是公民教育的出发点和立足点。

是否意识到自己的公民身份，是判断一个人是否具有公民意识的重要指标。一个明确意识到自己的公民身份的人，才能产生公民主体意识，才能认识到自己与国家、与社会、与他人的关系，才能产生相应的公民行为，充分地行使、享受公民的权利和承担公民义务；才能积极、主动、广泛地参与社会活动，参与国家和社会的政治生活，关心国家大事，关心社会发展；才能以主人翁责任感去维护祖国的权威、利益和尊严，把守护领土的完整、推动社会的发展、服务与回报国家，为国家的繁荣、昌盛、进步作出努力当作自己义不容辞的责任。明确意识到自己的公民身份、有自觉的主体意识，这是公民的“自觉”；按照法律和道德要求规范自己的行为，并对自己负责、对公众负责、对社会负责，这是公民的“自律”；每个公民都自觉地履行自己的责任和义务，依法维护自身乃至整个人类的权益，这是公民所在国家的“自强”。

2. 法律意识

法律意识是公民对客观法律现象的主观反映，是人们关于法和法律现象的思想、观点、知识和心理的总称。法律意识包括相互联系的3个亚结构。（1）法律知识：具有认识功能的法律知识是形成公民法律意识的基础和前提。（2）法律态度：具有评价功能的法律态度是影响公民实施合法行为或违法行为的关键。（3）守法行为素养：具有调节功能的守法行为素养、抗诱惑能力、行为自控能力和良好行为习惯，是个体社会化成熟程度的反映。

法律意识教育的目的主要是培养公民知法、懂法、守法、用法的意识和行为，维护法律的尊严，以保障社会的正常秩序和公民的合法权益。法律意识不仅仅是人们对现行法律的观点、知识和心理态度，更重要的是人们对法律的信仰程度。“法律必须被信仰，否则将形同虚设。”

3. 公民的权利意识、义务与责任意识

公民意识的核心是法律意识和权利义务意识。面对公共领域，公民是对公共利益的自觉维护和积极参与——表现为责任和义务；面对政府权力运作，公民对于这一权力公共性质的认可和监督——表现为权利。公民的权利和义务以及权利义务对等，是由法律所赋予和规定的。树立权利义务观是公民主体性的本质体现。

公民权利涉及社会生活的方方面面，公民应了解自己依法享有哪些权利，并依法维护自己的权利和权益。我国《宪法》对公民权利作出具体规定：公民具有平等权利（法律面前人人平等；男女平等）、政治权利（选举权和被选举权、表达权）、人身自由权利（人身自由权；住宅不受侵犯权；人格尊严权；通信自由和通信秘密权）、社会经济权利（劳动权；劳动者休息权；退休人员生活保障权；获得物质帮助权）、获得救济权利（取得国家赔偿权；取得国家补偿权）、社会生活权利（宗教信仰自由权；教育科学文化权利和自由）、民主权利（批评建议权；申诉、控告、检举权）、安全权利（妇女、老人、儿童受国家的保护；华侨、归侨和侨誉的权利和利益受国家保护）、健康权利（社会保障权；就医权）、受教育权利等。除此之外，还有环境权、土地承包经营权、消费权。十七大报告中强调的公民政治生活领域中的知情权、参与权、表达权、监督权。我国公民的权利意识日益增强，公民对权利的诉求和渴望从来也没有像今天这样强烈。

实践证明，大学生只有充分地享有和行使自由、平等、参与、知情、表达等权利，才能真切地意识到自己作为公民的主体地位，才会去了解和承担他们对国家和社会应该承担的责任和义务。高校应使学生学会依法行使自己的权利。如让学生选出自己“喜爱的教师”，不能有学院或系部或教师个人对学生进行“诱导”，更不能“强迫”，否则就是侵害学生的权利，就有“强奸民意”之嫌。学生自己社团和活动的学生干部、学生代表、先进人物，应由学生自己选举、投票或协商产生。使学生在参与中、实践中学会选择，学会对自己的选择负责，对他人负责，为社会、为自然、为自己生存的地球负责。

义务意识是一种角色意识，是公民对自己在国家和社会中的地位、对自己权利和责任的一种自觉认识。即主体自由、自觉、自愿地尊重他人权利并履行自己的义务（彭诚信、郎潇，2005）。公民义务的本质特点是其自愿性，履行义务不是靠外在的强制而是靠义务主体内在的自愿自觉。我国《宪法》对公民必须履行的法定义务作出具体规定：公民负有维护国家统一和各民族团结；自觉遵守宪法和法律，保守国家秘密，爱护公共财产，遵守劳动纪律，遵守公共秩序，尊重社会公德；维护祖国的安全、荣誉和利益；依照法律服兵役和参加民兵组织；依法纳税等相应的义务与责任。社会生活中，几乎每个人都不可避免地要充当“纳税人”的角色，所以每个公民也就毫无例外地要树立纳税意识。著名经济学家茅于拭认为，纳税人意识是迈向公民社会的门槛。正因为自己是纳税人，才更有主人翁的感觉。消费后索要发票、支持“重点纳税人制度”等现象反映了我国公民纳税意识的增强。但也有相当一些公民，从未意识到自己已然是一个“纳税人”——在购买商品、出行、接受服务时。这样很容易对挥霍纳税人钱的人与事无动于衷。大学生也存在同样情况。

“责任公民”概念对应于“权利公民”。简单地说，公民责任意识就是公民意识到自己对国家、社会和他人应做的事，并对没有做好分内的事承担相应的后果。责任与义务的不同在于，义务强调“应做什么”，而责任强调“没有做好应做的事的后果”。公民的责任意识要求，公民要承担法定义务和道德义务，尽其所能为国家、社会和他人做应该做的事情；同时，要对自己的选择负责，不逃避和推卸由于自己的过错而应承担的法律责任和道德责任。

权利意识和义务意识相生相伴。我国《宪法》明确规定，“任何公民享有宪法和法律规定的权利，同时必须履行公民宪法和法律规定的义务”。只享有权利不尽义务是“特权”；只尽义务不享有权利便会导致盲从和被奴役。权利和义务是对等的，大学生在充分享有权利的同时，应主动自觉地承担相应的社会义务和责任；权利和义务还是一种双向互动和理性博弈的结果，权利人希望他人尊重自己的任何权利，那他首先必须尊重他人的所有权利。

4. 参与意识与监督意识

公民的参与意识、监督意识由公民的权利和义务延伸而来。参与意识主要是指公民作为政治共同体的成员，具有积极参与公权力运行的主人意识。公民参与公共生活是公民主体意识的一个方面，是公民主体意识在政治层面的具体表现。实践证明，缺乏公民主体性参与的公民教育，极可能出现公民知识与公民实践、公民个体与公民社会的分裂和脱离，学者（叶飞，2011）称此现象为“疏离”。并主张公民教育从“疏离”走向“参与”，更好地体现公民教育的实践本性，促进公民教育的“实践回归”。

公民的监督意识是指公民作为国家的主体，对国家公权力行为的监督和约束。国家拥有强大的政治权力，有可能侵犯、威胁公民的个人自由和主体地位。公民行使对立法机关、行政机关、司法机关工作的监督，揭发和举报其不法行为，可有效消除特权和社会不公正现象。

5. 规则意识与规则教育

规则意识是指依据正式或非正式的规则，而不是由某个个人或集团的意志来调整个人意志和行为。规则教育，使大学生在明白违反道德规范将会带来法律、伦理、良心等诸方面的惩处的基础上，各种规则心存敬畏，不去故意违反。小到让座排队，大到法律法规，都能自觉践行遵守。这种规则意识的培养远比知道规则本身更加重要。

强化规则意识教育是时代的需要。今天的我们，生活在一个比以往任何时代都讲“规则”的时代。这些规则或者通过国家予以确认，或者通过习俗加以强化和传承。2014 年北京市高考作文题目是“老规矩”，人们对此大为赞叹，因为每个人都生活在现实的各种规矩中，都会“有感而发”。所谓“规矩”是一种行为规范和礼法规则。“规”和“钜”分别是矫正圆形和方形的工具。“不以规矩，不能成方圆。”（孟子语）怎样看“老规矩”？有的可能确实“老”了、落伍了、过时了，需要重新审视和修正；有的可能当初就是错的，如封建社会“君君、臣臣、父父、子子”“父为子纲、夫为妻纲”，把人分为三六九等，各有各的规矩，不可逾越；有的规则、规矩却是任何社会、任何文化都推崇的，也是今天的人理应遵循的，如“尊老爱幼”“诚信做人”；任何时候，任何规则、规矩都不会允许偷窃抢劫、坑蒙拐骗。

（二）国家意识、民族意识与爱国主义精神

1. 国家意识

国家意识就是指公民对所属国家的历史、现状、文化传统、政治体制、法律制度等所持有的认知、情感、观念等的总和。其核心和实质是公民对自己祖国的情感。

国家意识可分为三个层面：（1）认知层面，对自己国家的了解和认知。包括对国家、民族的人文地理、历史传统、现状与发展、与其他国家和民族之间的关系等方面的认知。知道自己国家的国旗国徽的图案外形和内在含义，并正确表达；知晓中华民族数千年的历史与文明，以及对世界文明作出过重大贡献；了解我们这个多民族国家多种文化的差异性和丰富性，以及历史上的重大事件等。（2）情感层面，在认知基础上产生对国家、民族的热爱、认同感和归属感；对国家和宪法的尊重和敬畏感；对国家的忠诚、信念与信心；有民族自尊心、自信心、自豪感；对国家及其政治统治和社会制度的认同和信仰；对自己公民身份的认同、对国家主权的认同、对优良的文化和核心价值体系的认同，对民主法制的国家管理秩序、多民族的融合与共生共荣的认同；特别是对民族传统文化的认同、理解、尊重、接受和实践；有“国家归属感”和“国家优先”意识，讲国格、有民族尊严，自觉维护国家领土和主权完整，主动承担公民责任，履行公民义务。（3）态度与价值层面，是国家主权意识、国家安全意识和公民主体意识。表现为民族义务感、责任心，民族平等互助、团结合作，民族平等参与意识，维护国家独立统一、为国奉献的意识。不仅如此，还应了解世界民族、语言、宗教的分布，理解世界文化趋同与趋异的双向发展过程，并对

不同民族和不同文化的创造性予以理解、尊重和欣赏。此层面是国家意识在一定社会历史发展阶段的升华和提高，也是现代国家意识的重要组成内容和最高、最深层次。可见，国家意识以对国家、民族的认知为基础，以民族情感为主要内容和表现形式，以公民在促进国家和民族发展进步中成长为最高准则的多层次的心理结构。

世界各国都非常重视对下一代的国家意识教育。如法国强调六个“国家标志”的教育，即国庆日、国旗、国歌、国家座右铭、弗里吉亚帽、玛丽安（共和的象征）。这些标志代表法国的共同的国家价值观。这些国家象征标志的教育从小学一入学便开始，并在以后重复进行。中学阶段主要学习与法国国籍有关的知识、法国的法律、政府文件等，从中了解民主共和的原则，掌握社会、政治生活规则和价值观，形成人权思想。美国公民历来就有着很强的独立意识。他们非常珍惜独立和自由，逐步形成了争取独立、自由、民主的优良传统。美国独立革命本身是一场伟大的公民教育运动。从 18 世纪的北美独立革命和 19 世纪的南北战争中，正是这种独立意识，对于革命的胜利起了决定性的作用。《独立宣言》（The Declaration of Independence，1776）、《人权法案》（United States Bill of Rights，1787）和《解放宣言》（The Emancipation Proclamation，1862）就是人们用鲜血和生命换来的胜利果实，她们像一面面旗帜，唤醒了更多的民众。之后的农民争取自由土地、工人争取 8 小时工作日制，还有反垄断、反对种族歧视等，都是美国人具有强烈的公民意识的生动体现。美国非常重视公民意识的培养，宣传美国的主导价值观念，向学生灌输美国是世界上最好的国家，美国的制度是世界上最先进的制度等。

2. 民族认同与国家认同

民族是一种文化、传统和情感意识的共同体。华夏儿女有着共同的历史、共同的生活、共同的命运，是共同的语言和文化把我们统一在中华民族的旗帜下。“认同”是指个人与他人、与群体或与模仿人物在情感上、心理上趋同的过程。民族认同（national identity）包括三个层面：第一层面的文化认同以血缘、祖源、习俗、语言等共同性、原生性要素为纽带的跨国的民族文化认同，如“黑头发、黑眼睛、黄皮肤”，我们都是中国人；第二层面的国民认同或政治认同——基于政治合法性和意识形态的，以国家为核心的国内各民族之间的整体认同，即国家认同；第三层面的族群认同，即一国之内各民族对自己民族文化的认同（高永久、朱军，2010）。其中文化认同是民族认同的基础，而文化认同的核心是价值认同和价值观认同。

全球化、多样化，更凸显大学生认同本土文化的意义。在国际交往越来越广泛、越来越频繁的今天，一方面需要我们以开放的态度、包容的精神，学习他人、他国的先进文化、先进的科学技术和管理经验；另一方面，不忘本民族优秀文化和道德传统的传承和发展。

五千年的历史长河中，中华民族一直以博大开放的胸襟，海纳百川，吸收异域文明的同时，向世人展示并传播着灿烂的中华文明。如张骞出使西域，开通“丝绸之路”；唐玄奘西天取经；鉴真东渡日本；郑和七下西洋；与多国互派使者和留学生；等。

特别是我们的邻国日本、韩国、新加坡等受儒家文化的影响极其深远，至今仍以经典的儒家文化为基石，适当融合西方的理念和做法，成功地推行了现代公民教育。

3. 民族精神

“精神”有两层含义：广义上指人类的意识、思维活动和一般心理现象，是人类的认识、情感和意志及个性的综合；狭义上指一切意识和文化现象中内在的深层的东西性格。民族精神指的就是狭义的精神。

民族精神集中表现在特定的文化现象、特定的历史事件和人物、特殊的历史遗存和象征物之中。如体现着中国人的勤劳、智慧和自强不息精神的万里长城是中华民族的象征。辜鸿铭先生认为，中国的毛笔或许可以被视为中国人精神的象征，它所创造的美好优雅书画，西方坚硬的钢笔无法做到。美国黑人作家拉里夫•埃尔森认为爵士乐体现了美国精髓，包含了美国民族精神所具有的包容、强调个性和整体的统一等特点。汇集了希腊、罗马、埃及和东方艺术的大量珍品的罗浮宫，具有700多年的历史、展示了法国哥特式建筑精美的巴黎圣母院，铭刻了拿破仑的英雄业绩、展示了法国人的一种冲天豪情的凯旋门，统统成为法兰西民族精神的一种展现；意大利民族将罗马城视为自己民族的象征，也为罗马城赋予了一种民族精神的意蕴。就连一些非文化的自然物，也可以被赋予一种特殊意义而成为民族精神的象征，如龙的传人将黄河精神、长江精神视为中华民族的精神；尼罗河是埃及民族的象征，富士山是日本民族的象征，都具有各自民族精神的内涵。

民族精神是一个民族在漫长的历史发展进程中不断冲刷、筛选、积淀下来的优秀思想和品质。民族精神是一个民族精华和灵魂，是激发人向上的动力源，是民族生存和发展的精神支柱，从某种意义上说，没有民族精神就没有民族和国家。

如何传承民族文化和民族精神？习近平总书记在2013年8月全国宣传思想工作会议上提出“四个讲清楚”：“宣传阐释中国特色，要讲清楚每个国家和民族的历史传统、文化积淀、基本国情不同，其发展道路必然有着自己的特色；讲清楚中华文化积淀着中华民族最深沉的精神追求，是中华民族生生不息、发展壮大的丰厚滋养；讲清楚中华优秀传统文化是中华民族的突出优势，是我们最深厚的文化软实力；讲清楚中国特色社会主义植根于中华文化沃土、反映中国人民意愿、适应中国和时代发展进步要求，有着深厚历史渊源和广泛现实基础。”

4. 中华民族精神之精髓

中华民族是一个古老而伟大的民族。说她古老，因为她已经有了五千多年的历史。说她伟大，因为她不仅创造了灿烂的中华文明，而且铸就了伟大的民族精神。同为文明古国的古埃及、古希腊、古巴比伦和古玛雅等相继枯萎、消亡，唯有中华民族，生生不息、薪火相传，经久不衰、与时俱进。其中最直接的原因就是中华民族有着经受得起磨难和挑战的伟大民族精神，历经坎坷，精神不倒。中华民族的民族精神博大精深，根深蒂固，不仅有着丰富内涵，而且还有着许多优秀的品格。中华传统美德，是世代相传并不断调整和更新的思维方式、价值观念、行为准则和风俗习惯；它既有强烈的历史遗传性，又有鲜活的现实变异性；它作为文化的基因，在每个中国人的血液中流荡；它无时无刻不在影响、规范着每个中国人（王殿卿，2003）。党的十六大把中华民族精神高度凝练和提升为：一个核心——爱国主义，四个方面——团结统一、爱好和平、勤劳勇敢、自强不息。

爱国主义是中华民族的精神支柱，已经渗透到民族精神的所有领域。爱国主义是支撑中华民族五千年绵延发展，屡遭磨难而生生不息的生命之根，是中华民族精神的核心。中国人历来把国家利益放在至高无上的地位，不论是“先天下之忧而忧，后天下之乐而乐”（范仲淹）、“天下兴亡，匹夫有责”（顾炎武），还是“留取丹心照汗青”（文天祥）、“苟利国家生死以，岂因祸福避趋之”（林则徐）、“我自横刀向天笑，去留肝胆两昆仑”（谭嗣同）都是中华民族爱国精神的写照。爱国，就是要忠诚于祖国，为国家服务，为国家的发展贡献自己的力量；爱国就是要维护国家的统一、独立、安全与领土完整；爱国就是时时处处维护国家的荣誉与尊严；爱国就是学习本国的历史地理文化，了解本国的现实，树立并发扬健康的民族精神。

团结统一是爱国主义的核心与实质。中华民族历来就有团结统一的民族精神，自秦以来，历经几千年的风风雨雨、分分合合，但主体一直是一个统一的多民族国家。根本原因就是中华民族在长期的历史发展进程中形成的团结统一民族精神所产生的向心力、凝聚力发挥的重大作用。是中华文化的强大与发展，促进和形成了各民族之间更广泛、更深刻、更牢固的融合，为我们国家、民族抵御风险提供了更强大的基础与保证；是各民族兄弟姐妹共同劳动、生活和斗争中形成的团结统一的民族精神，激励着一代又一代人团结御侮，共赴国难，精忠报国，捍卫了国家主权与领土完整。抗日战争可以说是中华民族发扬团结统一精神、维护国家统一和民族独立的历史经典。在国土沦丧、民族危亡的时刻，全民族空前团结，国共两党尽释前嫌，互相配合；海外华侨积极募捐，为国效力。正是这种团结统一的民族精神保证了抗战的胜利。由此可见，团结统一的民族精神，深深植根于中国人民的民族意识中，成为维护祖国统一和民族团结的牢固纽带。爱好和平是中华民族的人道本性，是爱国主义体现在处理本民族与世界其他国家各民族之间关系的基本要求，也是国家的抵御功能的具体体现。中华民族历来以热爱和平著称于世，以平等待人为世界各国所称道。中国自古推崇“和为贵”“求同存异”“有朋自远方来，不亦乐乎”“四海之内皆兄弟”的为人处世准则，强调民族间的“和睦相处”，国家间的“和平共处”。社会生活中讲“政通人和”，人际交往中重“和气生财”。就连古时候不得不出兵打仗时，为“罢兵息战”而主张“不战而屈人之兵，善之善者也”。目前，社会主义中国已然是当今世界维护和平的一支重要力量。

勤劳勇敢，是自强不息外在的最具体的体现；自强不息，是勤劳勇敢内在的最直接的推动力。勤劳勇敢是指中华民族为了自身的存在和发展，为了人类的福祉和利益，在改造客观世界、创造物质文明的活动中，勤勤恳恳、战天斗地的精神。“勤”指勤快、勤勉，日积月累、不懈努力；“劳”指辛苦、劳累，殚精竭虑；“勇”指勇气、英烈、一往无前、无所畏惧；“敢”指胆量、胆识、“敢为天下先”。中华民族以勤劳勇敢著称于世。灿烂的中华文明，就是中国人世代相传、生生不息的吃苦耐劳、艰苦奋斗，不畏艰险、勇于攀登，锲而不舍、不断追求，俭朴勤奋、不屈不挠的民族精神所创造的。中华民族一切劳动和社会生活的各个领域、中华民族德行的各个方面无不体现出勤劳勇敢的民族精神。“盘古开天地”“女娲补天”“夸父追日”“后羿射日”“愚公移山”，都贯穿着执着、坚毅、勇敢、吃苦耐劳精神。自强不息的民族精神是指中华民族在谋求自身发展或者遭遇艰险困苦或面临强敌入侵时，独立自主、奋发向上、不断开拓进取的精神，即积极向上，永不停止。它是一种为了国家的繁荣富强而锐意进取、不懈奋斗的爱国主义精神的体现。“天行健，君子以自强不息”（《周易·乾卦》）说的是，刚健、能动；刚强不屈，永无已时；效法天道，不断前行、努力向上，决不懈怠。要求人们积极作为，敢于进取；不屈服、不沉沦，始终保持顽强的信心和斗志，一种不屈不挠的精神。中华民族传统文化中，不乏“自强不息”精神，如“老骥伏枥，志在千里。烈士暮年，壮心不已”（曹操），“刑天舞干戚，猛志固常在”（陶渊明），“生当作人杰，死亦为鬼雄”（李清照）；还有“富贵不能淫、贫贱不能移、威武不能屈”的刚毅坚贞精神，万众一心、众志成城、顽强拼搏、敢于胜利的斗志。

5. 爱国主义精神与爱国主义教育

爱国是公民对自己国家的忠诚和热爱的深厚情感，是国家意识的崇高境界。世界各国的国体、政体不同，但在大力提倡爱国主义精神，把爱国主义作为公民教育的重要内容这一点上是一致的。美国充分挖掘短短 200 多年的历史，大力宣扬“美国精神”，使公民以自己是美国人而骄傲和自豪。苏联解体后，急剧的西方化带给俄罗斯人的不是希望中的幸福，而是政治、经济及信仰危机，是民族自豪感的动摇和被削弱。2001 年，联邦政府重新定义了爱国主义教育的概念，之后，连续三次布公民爱国主义教育纲要，使爱国主义成为俄罗斯社会精神道德统一的最重要的基础性价值观之一。德国注重培养学生的德意志民族精神，最主要的是爱祖国、具有民族自尊心，为信念而执着追求。法国希望通过公民教育课程的学习，使青少年了解法兰西文化和共和国的艰辛历程，增强公民的民族认同感和自豪感。韩国在公民教育中强化民族自立，弘扬民族传统，注重振奋民族精神。

爱国主义教育内容非常广泛，各国也有许多成功的经验和有效的途径与方法。例如通过专门的公民教育课程，或者向各个学科、各相关课程渗透，对大学生进行国家和民族历史教育，国情教育，国旗、国歌教育，国家安全教育，等。中华民族有着 5 千年的文明史。其中，有令世人瞩目和崇敬的成就，也有令今人汗颜的耻辱。今天，我们已经走出了那段屈辱历史，重新走上了迅速发展的道路。通过在中小学阶段的社会、历史等课程的学习，大学生对本民族的历史和现状有了初步的了解，大学阶段主要是进一步知晓民族历史与文化，懂得文化的传承与创新中大学生的使命和责任，不能妄自菲薄，也不可狂妄自大。在大学阶段，可使学生了解汉字的流变过程，提高学生对祖国语言文字的认同感、自豪感。

不仅是文字，还有词、词组，这样就不会因不熟悉历史典故，把“吴刚伐桂”写成“吴刚罚跪”，把“贵妃出浴”写成“贵妃出狱”。从根本上说，还是要振兴中华民族的传统文化。

2013 年 8 月以来，中央电视台原创文化类节目《中国汉字听写大会》收视率一路攀升。观众对此津津乐道、反响强烈，因为它唤醒了人们心中对中华文化的认同，听写的是汉字，追捧的是文化。随着书写的减少、对数字输入的依赖，“提笔忘字”成为常态。许多人感到担忧，认为这会造成人们对母语情感的淡漠，继而使公民的心理、情感和价值观发生变化。找回对传统文化的认同感和自觉奉性行意识，才能实现价值重塑，道德回归。祖国是“母亲的土地”，是我们生于斯、长于斯的地方。她永远不会抛弃我们，而我们对她的爱也是超越于世俗功利的——无论她是贫弱还是强盛，对她的爱永远不变。

第二节　学会共处：公民情感与公民态度

一、积极情感的激发

情绪、情感是人们对于某种事物是否符合人的需要和欲望而产生的心理体验，是人脑对客观外界事物与主体需要之间关系的反映。

积极心理学对积极情绪情感的研究引起心理学界极大的研究兴趣。值得一提的是，2001 年 4 位获坦普尔顿积极心理学奖的心理学家中，除了一项是关于青少年道德和亲社会行为的研究外，拔得头筹和名列二、三位的都是在积极情绪和体验研究方面取得的成果。

情绪情感对于人的认知、学习是有影响的。研究发现，词汇加工具有情绪效应。这就给我们以启发，知识的学习中调动学生的情感，可提高学习效率和效能。

大量实验研究证明，愉快、兴趣、惊讶均可被启动。愉快是个人目的达到，紧张消除后的情绪体验。愉快程度取决于目的的重要性和目的达到的意外程度。

兴趣是指注意力被某事物或事件吸引过程中产生快感的心理状态，或令人追求或接受某事物、某事件而产生参加其活动行为倾向。惊讶情绪由新奇事件和期望不证实事件引起的。多数研究者认为，惊讶是一种短暂的、中性的情绪情感，通常与其他情绪情感一起构成或积极或消极的情绪情感。如惊讶与愉快构成惊喜。在积极情绪状态下，人对事物的满意度增加，进而提高学习、工作的热情和效率。

积极心理学的实证研究表明，积极的情感体验、快乐、乐观等具有多方面的积极意义。首先，积极情绪可以保持和促进生理健康，利于疾病预防和治愈，身体的恢复和体力的增强。其次，积极情绪有助于心理健康、心理机能的完善，智力和社会协调力的增强。在积极情绪状态下，个体会更加专注和开放，保持对新事物的探索和趋近，更乐意尝试新方法、解决新问题，更乐意与他人分享成功，在探索和努力工作中获得满足和自我发展。

有一点需要说明，消极情绪并不总是有消极作用。从进化的角度讲，消极情绪是在应对具有生存威胁的环境中逐渐进化而来，是为了解决个体至关重要的生存问题，即消极情绪能使个体在威胁情境中获益，使人大生命得以保存。如愤怒的情绪可转为攻击欲求，恐惧的情绪激发逃离欲求，厌恶的情绪引发驱逐欲求。而且，消极情绪状态下，人的肌肉力量增加，有助于采取自我保护的行动。消极状态下，心理资源的变化也有积极作用，如注意和思维的窄化，使人专注于即时的境况，迅速做出决定并采取行动，以求得生存（高正亮、童辉杰，2010）。消极的情绪体验还会给人以警示和经验，防止更大问题的出现。因此，不是也不能一味地消除消极情绪，而且适当地消极体验还对个体有防御、保护功能。让大学生经历消极的情绪体验，是为了今后人生的路走得更长、更稳。

二、公民态度的形成与改变

1. 态度的意义

只有道德知识，不一定有道德行为；同样，只有法律知识，也不足以遏制犯罪，还要内化为态度，有一种内在的社会心理监督，这种监督是实施违法犯罪的障碍。

态度是社会心理学研究的重要内容，是个体对某一对象和现象所持有的评价和行为倾向。态度的对象包罗万象，如人、事物、事件、群体、人际关系、社会制度、行为规范以及代表具体事物的观念、意识、思想、信仰等。人们对任何一个对象都会做出赞成或反对、肯定或否定的评价，同时也会表现出一种行为倾向性，即心理活动的准备状态。

态度由认知、情感、行为三因素组成。认知是主体对事物的认识或心理印象，如有关的事实、知识和信念等，其实质是带有评价意义的叙述。认知成分是个人知觉和判断的参考，是态度形成或改变的基础。情感是主体对某一事物的肯定或否定的评价以及由此引发的内心体验，是态度的核心，具有调节作用。行为倾向是主体对外界的人或物所预备采取的反应或行动倾向，是态度的外显部分。ABC 三因素越是一致，态度越稳定，越不易改变。

态度具有认知功能。特定的态度一经形成，便会成为个体心理结构的组成部分，从而影响对后继信息的接受，它会选择有利于自己的信息，拒绝不利的信息。即对于持积极态度的事物容易接受，感知也会更清晰，注重评价其积极面；对于持消极态度的事物则不易接受，感知也较模糊，甚至予以歪曲，产生偏见或成见。心理学家（W.Lambert）等人曾在加拿大蒙特利尔做过实验，被试是英裔和法裔的大学生。实验目的是了解人们如何只凭声音对未曾谋面者的个性特点作出判断。要求被试者注意倾听，然后放录音。录音带录有 10 个人朗读同一篇文章的声音，5 人用英文读，5 人用法文读。但实际是 5 个人分别用两种语言朗读，被试者不知真情。实验结果显示两种现象：（1）同一个人用英语朗读比用法语朗读获得更好的评价：聪明、亲切、有抱负。（2）法裔学生比英裔学生更高评价用英语朗读的人。该实验说明，人们容易根据已有的态度判断他人。当时，英裔加拿大人的社会背景较优越，一般人对英裔加拿大人的印象和态度也优于法裔加拿大人。正是这种态度的差异，影响人们的正确判断。此外，态度还具有价值表达和自我价值保护功能或防御功能；一定的态度使主体能得到他人的赞许、奖励和避免受到惩罚。

2. 态度的形成与转变

根据凯尔曼（H.C.Kellmen）的理论，态度的形成或改变经过三个阶段：（1）依从：为了获得奖励和避免惩罚而“不得不”采取与他人或他人要求的一致行为，是态度的意向因素起作用。是“表面”上的接受。（2）认同：个体“自愿”地接受他人的观点、信念和行为规范，使自己的态度与他人的要求相一致，心甘情愿地、主动地趋向于自己心目中的榜样，是态度的情感因素的作用。（3）内化：人们从内心深处真正相信并接受他人的观点，彻底转变自己的态度，并纳入自己的态度体系，成为自己态度体系中的有机组成部分。是认知成分起主导作用，是发自内心的“信服”，自觉地形或改变自己的态度。内化在态度形成与改变的三个阶段是最持久、最难逆转的。

影响大学生态度形成和转变的因素主要来自于四个方面：态度主体方面，如既有态度系统的自我防卫倾向、原有态度系统本身特征、个性因素、与群体的关系等。①传达者方面（信息源），如威信、吸引力、个人立场和目的指向。②信息方面，如与原态度之间的差异是否适中，对情绪的唤醒程度、信息的提供方式（口头、书面、传媒、单向或双向等）。情境因素方面，如现场引起注意力分散（利——降低心理防卫，抵制说服的能力降低；弊——可能偏离主题）；情境的强化作用（送礼效应、群体效应等）。

在态度的形成和改变中，有几种心理效应。如“登门槛”效应——在提出一个较大要求之前，先提出一个小的要求，当对方接受后再提出一个较大的要求，一般情况下，对方接受的可能性较大；“低球技术”——一个小的要求被接受后，马上提出一个别人要付出更大代价的要求，及要求步步升级，比一开始就提高要求更有效；留面子效应——拒绝了一个较大的要求之后，对较小的要求一般会给人面子，不再拒绝。

3. 培养积极心态，享受幸福人生

积极心理研究中，有这样一个实验：将一只大白鼠单独置于装满水的器皿中，它出于求生的本能，拼命挣扎，最终坚持了 8 分钟左右。研究者又将另一只大白鼠放在同样的实验情境中。当它挣扎到 5 分钟左右时，在器皿中放入一个可使它爬出险境的跳板。于是，这只鼠得以存活。几天后，这只活下来的鼠再次被放到同样的实验情境中。奇迹发生了。这只鼠竟然坚持了 24 分钟！整整 3 倍于未得到救助的其他鼠所能够存活的时间！

原因何在？积极心理学认为，没有逃生经验的鼠，只能竭尽全力，以求生存，直到体力用尽。而有过逃生经验的鼠，有了一种精神力量，相信在某一时刻会得到救助。这就是心态的作用，就是心存希望的作用。

心态是由当前事物和过去经验引起个体心理活动在一段时间里出现的相对稳定的持续状态，是个体的心理过程和个性心理在特定时间内的综合表现。人的心态既可以是积极的，也可以是消极的。积极心态是一种乐观、平和、进取的心态，可激发人的正能量，表现为广泛的兴趣、强烈的求知欲望、诚实守信、自觉自信，平静平和；消极心态则是负能量。面对同样的情境，乐观的心态与悲观的心态截然不同。看到手中的半杯水，乐观者想，真好！我还有半杯；悲观者说，真糟，只剩半杯。当乌云密布时，乐观的人看到的是“甲光向日金鳞开”；悲观的人看到的是“黑云压城城欲摧”。乐观者善于发现积极、创造积极，在积极和创造中感受幸福。

三、学会共处，获得支持

1. 人为什么需要朋友?

生存的需要。心理学的一个实验：一批彼此不相识的被试。其中的一组被试被告知，他们将会接受一个虽对人体没有大的伤害，但却是一个较大的电击，另一组则被告知，一会儿他们将接受的电击微乎其微，几乎感觉不到。观察这两组被试的行为。前一组的被试很快集中在一起，讨论即将到来的电击；后一组则没有这种现象。这是为什么？心理学的解释，面对未来的不确定性，人们都希望获得别人的帮助，大家共渡难关。在灾难中，有朋友及社会支持的受害者更容易面对现实，并较快地摆脱痛苦。

避免寂寞的需要。研究发现，人们彼此在一起，但不相互交流，多数人说会感到寂寞。

获得赞同的需要。人与人之间，如果得到对方的赞许，就意味着被认可，就可以提升自己的价值。有的人不善于主动与人沟通，其原因主要是害怕被拒绝。有相同或相似的经历、共同的爱好的人，容易成为朋友，就是因为能从对方那里获得与自己一致的观点，从而证明自己的观点正确。

社会比较或获得确认的需要。通过与别人的坦诚交谈更多地了解自己、更好地处理问题。心理学家做过这样的实验：对参加人格测试的大学生给予虚假的信息，观察他们的不同反应。其中 1/3 得到的是肯定的信息，被告之他们的人格成熟而有深度；1/3 得到的是否定的信息，被告之他们的人格肤浅，不成熟；剩下的 1/3 未得到任何信息。然后，让他们参加一种赌博游戏。结果，三组大学生的反应大不相同。得到否定信息的一组大学生在游戏中作弊最多，得到肯定信息的作弊最少，未得到任何信息的一组作弊的人数介于前两组之间。

心理学的解释：在人的社会化过程里，首先是借助于他人的评价认识自我。当他人对自己表示友好、关爱、尊重，有良好的期待时，我们会作出积极的回应，努力使自己达到他人对自己的期望。渐渐地，我们的自尊心出现，独立意识增强，开始独自进行自我认识、自我评价。我们更加关心自己的存在，关心自己在群体中的位置，关心他人对我们的评价，并按社会要求，自觉规范我们自己。

人际交往的作用：第一，加速社会化进程；第二，愉悦身心，集思广益；第三，保持健康。如培根所言：“如果你把快乐告诉一个朋友，你将得到两个快乐；把忧郁向一个朋友倾吐，将分掉一半的忧郁。”

2. 良好人际关系的建立

建立良好的人际关系，有强大的社会支持系统，会受益终生。学会共处（交往）就是正确认识人与人的关系，处理好与他人的关系。

首先，要有良好的愿望。亲子之间的关系最亲密，也最微妙。同在一个屋檐下，我们对父母究竟了解多少？对他们的生日，结婚纪念日，还有工作状况、人脉情况是否了解？父母为儿女付出的爱最多，得到的回报可能最少。或许有的大学生埋怨父母冷漠，请理解——他们一定有难言之苦；他们专制——那是恨铁不成钢；他们的过度保护——源于对儿女的爱之切。同为“思念”，父母对儿女是牵肠挂肚；儿女对父母则是“妈妈的味道”、家里的舒适。儿女渐渐长大，父母一天天老去。如果现在还没有能力回报他们，至少不要伤害。

与老师的交往如何？别怪老师太主观、太严厉、“偏心眼”，先找找自己的问题。任何一个老师都会喜欢爱学习，爱他所教授的那个学科、那门课程的学生，偏爱喜欢独立思考，常提问题的学生。

和同学们的关系怎样？多换位思考，各退一步，一定是天空海阔。“移情”是心理学的概念，意思是站在对方立场上，设身处地地为对方着想。移情是一种意识，要为他人着想，也是一种能力——参与他人思想感情的能力。要主动交往，正常交往、广泛交往。交异性朋友，无论是不是恋爱对象，都需要有成熟的心理、健康的心态。恋爱需要成熟性——相对稳定的人格，心理上的独立性，善解人意、尊重对方。

第三节　学会做事：公民素养与公民技能

学会做事也可理解为学会生存，即掌握基本的生存技能，不可一业不专，也不可只专一业。这就需要不断地通过学习和实践，具备当代公民的基本素养和技能。

一、大学生公民素养及其教育素质素养

素质和素养是两个不同的概念。“素质”（constitution）是指一个人从上一代继承而来的生理和心理特点，也称“遗传素质”，“素养”则是在人的先天生理、心理基础上，由后天习得和养成的各种品质。《高级汉语大词典》把“素养”一词解释为“由训练和实践而获得的技巧或能力”。因此，现代社会对公民的要求，应称素养，而不应该称素质。知识和素养也不同。“知识"是人类经验的总结、智慧的结晶，是外在的，具体、可量化；“素养”（predilection；quality）则是内化于“心”，是把知识融入认知本体、渗透到人的生活与行为中。“素养”是人们在期的学习和实践中，按照社会和周围环境的要求与熏陶逐渐形成的个人品质，由“能力”和“精神”两大要素组合而成。高文化、高学位，并

不等于高文化、高水平。如果知识不能被主体内化，并渗透到人的生活与行为之中，那就只能是“知识”，甚至只是“知道”而已。

1. 公民素养人文素养

公民素养是指一国公民在其社会化过程中形成的心理的、社会的素养的综合。公民素养中最为重要的、处于核心地位的是人文素养，即个人所具有的教养、学养以及折射出的人性的综合素养。

学界对人文素养的概念有不同的界定。概括起来，可有以下看法：（1）人文素养是公民做人的基本品质和基本态度。表现为个人的文化品位、道德水准、思想品位、审美情趣、理想追求、价值取向、思维方式、行为习惯，以及相对稳定的人格、气质、修养等更高精神层面的内在品质；反映了人们对自己、对他人、对群体、对社会等各种事物的态度，在处理个人与他人、与群体、与社会、与自然的关系中表现出来的外在人格魅力。核心就是“学会做人”——做一个有良知、有智慧、有修养的人；一个具有良好心理品质的人。（2）人文素养是人所具有的人文知识和由这些知识内化而成的人文精神、外化的人文行为的总和。公民素养是人们在长期的探求科学知识、社会交往活动中形成的，是对人类优秀文化成果内化的结果。（3）人文素养表现为一种普遍的人类自我关怀。对个人而言，是在人性的完善和身心健康发展的内在需要的驱使下，由长期的阅历、经验和人文知识的积淀而成，是以良好的心理素养为基础的人的素养。对人类而言，人文素养的灵魂是对人类生存意义和价值的关怀——人文精神。是对人性的尊重、对生命及其价值的尊重和关注，对人的终极关怀和对人本身价值的肯定和尊重，对人的幸福和尊严的追求；以追求真、善、美等崇高的价值理想为核心的科学理性与科学精神。从这个意义上讲，人文素养与人文关怀意义相似或相同。大学生人文素养教育，就是启发学生对人的生命价值的觉悟，更好地满足学生全面发展的需要。

2. 大学生公民素养人文素养教育

加强大学生人文素养教育是我国经济社会发展新阶段的必然要求，也是大学生自身发展的需要。实施公民素养教育是对教育本质的回归。教育的本质是什么？培养人。“人要成为他自己。”“人是衡量一切价值之价值。”（鲁洁，2007）培养人的工作就是要“以人为本”，是发展人，而不是塑造人，是关注人，使人成为人，成为“真实的人”。人文素养使人类的思维自由、心态平和、富有爱心；人文素养培育人的高雅精神境界与不朽的人格魅力。

事实上，我们的教育并非一无是处。据经济合作与发展组织（OECD，简称经合组织）发表的《2012 国际学生评估项目测评结果报告》显示，数学、阅读和科学测评三个领域，亚洲国家均领先于世界上其他国家和地区。其中，数学，中国上海的成绩最好，均分 613，超出参加测评的经合组织成员平均水平 119 分。名列第二至第十的是新加坡、中国香港、中国台北、韩国、中国澳门、日本等国家和地区。居前几位的都处于亚洲儒家文化圈内。阅读排名在前的依次为中国上海、中国香港、新加坡、日本、韩国。经合组织发现，15 岁学生的数学素养会影响到他们今后参与继续教育的能力和对未来的预期收入。具有良好数学技能的人，更愿意加入志愿工作、参与政治方面的讨论和信任他人。在这个项目上，各国的差距较大。平均分最低和最高相差竟达到 245 分！

在对青少年进行主流价值观教育的系统工程中，呼吁作家在文学创作时要注意价值观对青少年的影响作用，在改编经典作品时，不能仅仅关注“眼球”，而是首先尊重历史，尽可能保持“原汁原味”，以避免经典作品失去经典意义。对受到大学生热捧的“网络文学”（因其写实、有一定的深度，易引发大学生的情感共鸣而受追捧），应该及时进行必要的监督和引导，正确引导网络文学的阅读。

二、学生活的知识，学生存的技能

1. 技能和公民技能

技能是指个体运用已有的知经验，通过练习而形成的智力动作方式和肢体动作方式的复杂系统。知识不是技能，而技能必须运用知识，知识越丰富，对克服技能学习的难点越有帮助。只学习理论，不学习操作，很难获得技能。大学生公民教育应将学生知识的学习、技能的训练作为教育的重要内容之一。与公民素养有关的技能主要是生存的技能，这些在学生所学的专业课程、文化课及其他教学环节中进行。

公民技能指公民在教育及活动过程中获得的，与行使公民权利、承担公民义务相关的一系列行为方式和技巧。公民技能既有实用价值，也有教育意义。具备公民技能，方可将公民知识运用于社会实践之中，表达、实现和维护自己的公民权益，实现对社会的参与和改造。在技能的运用中，公民进一步加深了对公民知识、社会政治制度、社会规范、程序的认识和理解，强化了公民意识。

学者认为，公民技能包括两个方面：智力技能和参与技能。收集、识别、描述信息，解释与分析事物，准确判断推理，科学决策问题，表达自己的意见、倾听他人的建议，评价或评估，接纳与辩护，批判与思辨，创造与发明等可归为智力技能；演讲与竞选，谈判与协商，讨论、立约与建立联盟，组织活动、选举投票、参与政务、处理纠纷、维护权益，与人沟通、相互作用，监督与影响，向责任部门或媒体反映问题和提出建议等参与公共生活的基本能力，则属于参与技能。两种技能之间相互促进，共同发展。

2. 学会交往，获得支持的技能

大学生中反映最多的，对他们困扰最大的是人际关系——同一宿舍的关系、同一班级的关系、同一社团的关系；与父母的关系、与老师的关系；等。其中，同学关系出现的问题最多。不少大学生因人际关系差而感到孤独苦闷。有的看到别的同学男男女女，有说有笑，非常羡慕，自己却只能在一旁看着，不敢加入大家的行列，怕自己不受欢迎。当有人主动邀请他时，明明内心求之不得，嘴上却拒绝了。过后又后悔，痛恨自己，不知如何是好。有的因为自己的相貌不佳，有生理缺陷，或以前与人相处得不太好，害怕再次失败而不敢与人交往。这些学生的人际交往有两个误区：不善交往和交往不善。不善交往是因没有形成良好的交往习惯和技能，被动地等待他人与自己交往。交往不善是能与人主动沟通，但在交往中，因缺乏技巧或个人的个性方面的缺陷导致交往中出现矛盾又不善于解决矛盾。可通过学习和练习，掌握交往以下几个技巧。

学会微笑。微笑，不需要付出更多的资源，却能创造很好的效果，给人留下美好的、永恒的记忆。实践和实验研究证明，时常微笑和哈哈大笑可减少人的痛苦而且使人能够更好地调整自己。最重要的作用是，微笑会拉近人与人的距离，为人际交往提供了基础。你对人微笑，收获的一定也是微笑。

学会赞美。多赞美，关系才能长久。孔子云："与人交，推其长者，讳其短者，故能九也。"意思是说，多赞美他人的长处，少谈人家短处，关系便可长久。心理学家的研究指出，人与人的相互交往中，都有一个"情感账户"。凡是赞美、欣赏，都是往这个账户中存钱；凡是批评、指责，都是从账户中取钱。当账户中的"钱"越来越少，或出现"负值"时，人们的关系一定会恶化。积极心理学研究指出，正面的话语与负面的话语之间的比例在 3 ∶ 1 以上时，人际关系是和谐的。而亲密关系中，这一比例要达到 5 ∶ 1 才行。有人说，你有多少赞美、佩服的人，就意味着有多少人在赞美你、佩服你。只要心存感激和善意，收获的一定是感激和善意。

赞美必须真诚，虚心假意的赞美更让对方反感；赞美的内容要具体化、或容貌、或学习成绩、或学习精神、或为人处世的态度和做法，空洞的赞美令人不快。赞美要"投其所好"，赞美对方的爱好、特长，或他最得意的、最喜欢的东西。经常被赞美的人，你的赞美对他而言可能很"廉价"，要多赞美那些不常得到赞美的人——雪中送炭。传达第三者的赞赏也很有效。因为在背后的赞美被认为最真挚，而一个人在你面前赞美某人，意味着你也对此有同感，因而更容易得到被赞美者的友情。

学会聆听。学生从小到大，可能更多的是听别人说，如听老师的讲课、教诲，听家长的叮嘱、劝告。此时，此时可能他更需要一个忠实的听众。聆听时，注意耳到、眼到、心到。注视对方，身子稍前倾，保持自然的微笑，对对方的谈话内容有简单的回应，如恰如其分地频频点头。心理学提出人际交往的"黄金法则"——想别人怎样对你，你就怎么对人；"白金法则"——明白别人的需要，适当给予所需。

学会安慰。生活中每个人都需要别人的安慰和体贴。这是人际交往中相互理解、相互沟通、相互抚慰的方式。安慰贵在得体。要摸清需要安慰的人"烦"从何来，"忧"在何处，才好对症下药。例如，对于失恋者，仅以"天涯何处无芳草"安慰之，不如帮助分析失恋的原因。是对方移情别恋，玩弄感情，还是两个人确实不适合对方？或者双方有误会？然后再根据情况商量具体办法。安慰效果的大与小，取决于对被安慰者的了解程度。"一把钥匙开一把锁"，应当根据被安慰者的个性特点，选择最容易打动其心灵的安慰方式。

例如，给喜欢清静和独立思考的人写一封深情、妥帖、富有哲理的劝慰信最有效；对于心情抑郁，需要放松的人，可以陪他走走、聊聊，让他一吐为快，这种办法可能胜过千言万语；对有人来说，送他一件小小的礼物，表达朋友的真诚和关怀，是最佳的安慰方式。还要与被安慰者的心理欲求相吻合，切忌“火上浇油”。总之，应辨明情况，把握对方的心理，切不可诊断失误，开错“药方”使对方加重心理负担，增添烦恼。

对他人、朋友的缺点、意见的分歧不能怕得罪就回避，做“诤友”，但表达的时候要注意方式方法。常言说得好：“好言一句三冬暖，恶语伤人六月寒。”有时不在于说什么，而在于怎么说。比如，一个屡遭失败的将军，说他“屡战屡败”（失败的描述），毫无疑问他将受到责罚；然而，换一种说法，报称“屡败屡战”（相对成功的描述），则可能受到嘉奖。可见，人际沟通过程中，交流的内容固然重要，但就效果而言，有时交流的形式可能是一个更为重要的因素。同一个事件，表达不同，结果也不同。“良药”都“不苦”了，为什么不尝试让“忠言”不再“逆耳”呢?

第四节　学会做人：公民行为与公民人格

传授知识是学校教育的基本功能，通过知识的传授，使学生通“学理”——掌握科学上的原理和法则；但仅仅如此还不够，还应明“事理”——明确做人、做事的道理。“学理”使人获得渊博的知识、精深的学问和较高的科学素养；“事理”使人不轻信、不盲从，形成优秀的人品、良好的行为素养。

学会做人的基本要求，就是通学理、明事理，有人生大智慧。高校不应满足于把学生变为知识人，而是要将目光放在更高层次上。

一、价值观与核心价值观

高校在传授知识、明晰学理的过程中，应突出“育人”，注重培养学生的优秀心理品质。这些品质既是我们传统文化中提倡的优秀品质，也是积极心理学所关注的人的积极品质，还是社会主义核心价值观个人层面的要求。

1. 价值和价值观

“价值”常常出现在各种商业广告中，如“位置决定价值”（房地产广告）、“价值决定投资”（招商广告）等。拆开来看，“价”和“值”都有相互比较、衡量大小等级之意，“价值”是事物对主体的意义。既是主体根据自身的需要、意愿、兴趣、目的，也是从事物的属性来判断事物对自己的意义，价与值二者相互依存。人们往往是从事物的“社会价值”“政治价值”“经济价值”等方面对事物的意义进行比较和判断，或者更倾向于其中之一，或者是综合几个方面。

经济学对价值内涵的解释是："客体满足主体需要的程度。"一种物品或社会服务，满足人们需要的程度越高，其价值越大。伦理学和教育学中"价值"概念的内涵是指一个个体或群体在行动时所应该坚持和体现的正确的原则，同时也是人们评价其他人行为"好坏""对错"或"高尚与低俗"的重要标准。通俗地讲，价值就是是否"值得"，如"物有所值""物超所值"。如果"不值得"，人们就不愿也不会去做某事。所以，也称之为"价值取向"。

人类基本价值是指那些为不同文化传统所共同珍视和提倡的价值，也是一个人为人处世所应该具备的基本价值品质。从外延上说，人类基本价值包括了诸如"勤奋""节俭""诚信""平等""宽容""仁爱""责任""尊重"等不同的内容。价值是孕育在文化传统之中的，不同的文化传统往往孕育出不同的价值体系，支配和引导着生活在这一文化传统中的人们的行为。

价值观是指一个人对周围的客观事物（包括人、事、物）的意义、重要性的总评价和总看法。或者说，是关于某事物是否"值得"的观点。"价值"一词包含实际价值、想象价值、客体价值三种意义。也就是说，值不值，是主体的主观判断。主体对某事物价值的评价可能只是个人的喜好。所以，每个人都有自己的价值观。价值观不同，生活方式也会有所不同。

价值观是人们对价值的基本认识和根本态度，是指导个人伦理道德行为的根本信念和观念系统，是个人的生活目标和理想。兴趣、信念、理想是价值观的表现形式。兴趣是对事物的一种认识倾向，常常伴随着积极的情绪体验。信念是坚信某种观点、思想或知识的正确性，并强调控制自己的人格倾向性。理想是个体对未来可能实现的奋斗目标的向往和追求。它们都对人的行为有巨大的推动力量。

英文语境下的"价值"与"价值观"、"价值教育"与"价值观教育"的区别不大，都称为"value"或"value education"。中文语境中，这两组词语的意义就不同了。"价值观"大致相当于英语中的"价值理论"或"价值哲学"。道德或道德价值在整个人类价值体系中往往处于中心的位置，是"核心价值"或"共识价值"的重要来源，道德教育也因而是整个价值教育体系的重要组成部分。

20 世纪二三十年代，价值、价值观才正式进入心理学的研究领域。20 世纪 50 年代，在区分了"值得的"和"想要的"两个概念之后，社会心理学家对价值观有了自己的解释——是与"以人为中心的"、与"值得的"有关的东西。它可分为内隐的和外显的两部分；它是个体的，也是群体的或社会的。在个体层面上，价值观既是个体的选择倾向，又是个体态度、观念的深层结构；在群体或社会层面上，价值观是群体认同的重要根据——共享的符号系统，因此又是重要的群体社会心理现象。

2. 国家价值观和主流价值观

大力倡导国家层面的主流价值观，是一些国家公民教育的主要特点之一。德国价值教育的重点在于道德主题，培养学生正确的价值观、世界观和道德规范，以及判断能力、责任感、政治参与等。很明显，德国的价值教育是一种公民教育。

美国、澳大利亚等都是当今世界以多元文化著称的国家，实行多元文化主义政策和多元文化教育，培养学生的跨文化理解能力。但他们明确提出，核心价值观是社会得以保持和发展的关键纽带。美国总统奥巴马在连任时的就职演说中把美国的核心价值观概括为：勤奋、诚实、勇气、公平竞争、包容、对世界的好奇心、对国家的忠诚和爱国主义。并认为这些是长期以来指导美国成功的价值观，是可靠的，是创造美国历史的无声力量。澳大利亚政府教育、科学和培训部发布的《澳大利亚学校价值观教育大纲》（2005）倡导九大价值观：（1）关怀与同情；（2）勤奋努力；（3）公平公正；（4）自由；（5）诚实守信；（6）正直；（7）尊重；（8）责任；（9）理解、忍让和包容。

任何社会都有其独特的主流价值或称“核心价值”“共识价值”。主流价值是指一个时期社会上绝大部分人、组织都了解、认同和践行的价值原则，是一个时期人们用来评判他人或组织行为方式正当与否的共同标准。一般而言，社会主流价值是对人类基本价值的选择和提升、对民族优秀传统价值的继承与弘扬，都是对国家、社会、个人三者关系的规范。1991 年，新加坡推出了国家层面的五大价值观：国家至上、社会优先；家庭为根，社会为本；关怀扶持，尊重个人；求同存异，协商共识；种族和谐，宗教宽容。1993 年，拟定了五个家庭价值观：亲爱关怀、互敬互重、孝顺尊长、忠诚承诺、和谐沟通（周蔺，2008）。

各个国家、各个民族、各种文化，都有自己的价值观，但人类也有共同的价值观。如传统社会，东方的“己所不欲勿施于人”“己欲立而立人，己欲达而达人”与西方的“你希望人如何待你，你就如何待人”等。人类在世界文化与文明发展过程中形成的价值观可以相互比较、相互借鉴、相互认同和相互尊重。北京大学跨文化交流与管理中心设计并实施的一项中国文化印象调查表明，美国和德国民众对义、仁、恕、孝、礼、天人合一、核心世界、和而不同 8 项内容的选择频率超过 50%。“珍惜生命，正直公平，言行诚实，相敬互爱”——这是在 1993 年的世界宗教会议上，100 多个宗教团体的代表所达成的共识。

十八大提出的“三个倡导”，对我国社会主义核心价值观作出概括和总结，既是中华民族几千年文明的写照，也符合今天的时代特点；既是中国发展进步的选择，也是人类文明发展成果的一部分。

3. 社会主义核心价值观

在日益复杂的国际环境下，处于社会转型关键期的中国，深层次的社会矛盾凸显。为防止价值观的扭曲、理想信念的缺失或动摇，加强中国特色社会主义共同理想建设，加强核心价值观教育是大学生公民教育的重要和迫切任务。

我国社会主义核心价值观被概括为“三个倡导”：国家层面倡导富强、民主、文明、和谐；社会层面倡导自由、平等、公正、法治；个人层面倡导爱国、敬业、诚信、友善。

“爱国、敬业、诚信、友善”是对个人层面的社会主义核心价值观的凝练，也是《公民道德建设实施纲要》（2001）的中强调的公民基本道德规范。

爱国就是对祖国母亲的忠诚、热爱和依恋；就是对生于斯长于斯的家乡、对生我养我的父母的挚爱之情、孝敬之心；就是以热爱祖国为荣，以危害祖国为耻。爱国是公民最基本的价值准则，也是中华民族的光荣传统。千百年来，一代又一代仁人志士为国捐躯，为民请命，他们的事迹也感动了一代又一代人。爱国，使中华民族一直保持着领土的完整，文化的完整；爱国，把56个民族紧密团结在一起。爱国就是要懂得个人命运与国家和民族命运在根本上是一致的：没有国哪有家，没有家哪有你，没有你哪有我……爱国就要热爱中华民族的优秀传统文化，就是要发扬中华民族的精神——以爱国主义为核心，团结统一、爱好和平、勤劳勇敢、自强不息。①系牢民族的根，记牢民族的魂。爱国就要热爱人民，敬重先辈和前辈，感谢他们创造了中国的今天，给了我们幸福与安康；就要爱惜人民的辛劳和创造；就是要爱戴我们师长、朋友、亲人，和一切给过我们帮助的人。爱国就是要热爱祖国的大好河山，珍惜自然资源，维护自然生态；勤俭节约，拒绝使用各种危害环境的物品。爱国，就是要在世人面前展示新一代大学生的风采，让世人感受到中国人的精神面貌；以开放的心态，传播中国文化，吸收外来文化的精华，不断创新中华民族文化。爱国，就是做一个好公民，履行公民之职责。在当代中国，爱国主义就是表现为：维护国家统一、忠实于民族整体利益、投身于中国特色社会主义伟大事业。

敬业价值观是针对公民个人行为的重要价值要求。敬业是任何人、任何工作岗位的工作伦理、职业道德的要求，更是一种人生价值观和人生哲学观（卫建国，2013）。“敬业”价值观要求劳动者热爱劳动，珍惜劳动成果；尊重和认同自己的职业、珍视自己的工作，认真、踏实、专注、执着、精益求精。大学生的敬业，首先应当对职业、职业生涯有一定的了解。“生涯”源于罗马语 careeria，拉丁文 carrus，指古代的两轮战车，后来引申为道路，即人生的发展道路——指一个人生命的全过程。“生”原义为“活着”，“涯”为“边际”；“生”和“涯”构成了人的“一生一世”。职业是社会分工的产物，是一种社会劳动，也是自我价值的体现。职业生涯是一个人终生经历的所有职位的整个历程。

时间上是人一生不同的阶段；范围上是人生扮演的各种角色的数量；深度上是人对一种角色的投入程度。生涯规划是个人依据自身素质对自己未来发展作出的自觉设计和规划。其中，职业生涯规划是生涯规划的重要内容，是一个人在对职业生涯的主客观条件进行测定、分析、总结的基础上，结合时代特点，根据自己的兴趣爱好、能力特点，以及职业倾向等进行综合分析与权衡之后，确定自己的职业奋斗目标，并为实现这一目标作出行之有效的安排。职业生涯规划贯彻人的一生，更是大学阶段的职业指导、创业教育的重要内容。

大学生在学习期间的“敬业”主要表现为对专业的敬重，也许这个专业并不是你的最爱，或者不再是你的最爱。当无法重新选择，或者还不知道如何选择时，还是应当现实一些。等你真正了解了这个专业后，或许会改变初衷。有的学校会给学生另一种选择——双学位或辅修专业。何况，专业与职业并非对应，现在社会需要的是“复合型”人才，而且大学毕业生是“通用人才”。大学期间的敬业，还表现为履行自己的社会角色——学生的职责——学习，学会学习，掌握将来走向社会所需要的基本知识、基本技能，有生存的能力和生活的技能；懂得基本的职业规范、职业道德，有基本的职业态度。人对自己职业岗位有三种境界：谋生、事业、使命。只作为谋生的手段，会当一天和尚撞一天钟，为收入而工作；作为一个事业，会有职业和社会责任感，会尽力做完、做好；把职业、工作作为使命、作为人生的价值追求，甚至是生命的追求，会全身心地投入，会在工作中寻求乐趣，提升个人的幸福感，这是敬业的最高境界。

诚信是一个社会道德范畴的概念，也是人的优良品格，还是核心价值观个人层面的具体内容。中国传统文化十分重视诚信。孔子提到的“仁、义、礼、智、信”，信是基础，是做人的出发点和归宿。“诚者，天道也，思诚者，人之道也。”（孟子·礼记·离娄上）“信者，道之魂也。”人性中没有了信，就背离了人生之道，违背了自然规律。在道德范围内，诚信是做人最起码的要求，是人之所以为人的基本准则和行为规范。如果人与人之间没有了诚信，那么这个由人组成的社会就失去了根本。

诚和信有含义特征上的差别。“诚”重心在“我”，更多地是指“内诚于心”，是一种真实的、诚恳的内心态度和内在品质，关心的是自己的道德水准，关心自己成为怎样的人。“信”重心在“人”，偏重于“外信于人”，涉及自己外在的言行，涉及与他人的关系；关心自己言行对他人的影响，关心他人对自己的态度；是向外、向真的外在追求，是个人诚实品格接受考验的外在价值认定。由此看来，“诚”更多的是对道德个体的单向要求，是指道德主体的内在德性；“信”则针对社会群体，提出双向或多向要求，是“内诚”的外化，体现为社会化的道德践行。

“诚”和“信”相互贯通，“诚”是“信”的依据和根基，“信”是“诚”的外在体现。天地之“理”在于“诚”，万物之“理”在于“诚”，无诚则无信。没有诚作基础，信就无法得到保证。诚同样离不开信，人的诚需要通过信用、信誉、信任来实现。因此，“诚”和“信”辩证统一，“人，以诚为本，以信为天”，二者共同保证我们的诚信社会道德和诚信个人品德。具体而言，诚即真实、诚恳、坦荡，信，即信用、坦诚、实在。诚与信组合，便是内外兼备、表里如一的道德人格。诚信是立人之本，齐家之道，交友之基，经商之魂，为政之要。

友善价值观的内涵相当丰富，包括对人、对社会、对自然；是友爱和善，重友谊求和谐、存真善讲爱心；是谦敬礼让、帮扶互助。友善不仅有良善之心，还应有良善之举。一个人做点好事并不难，难的是一辈子做好事，不做坏事。在每个人的一生中，都做过这样那样的好事，都曾经向他人伸出过援助之手。这是人之常情，也是人之本性。但难能可贵的是看似“无意”的帮助和善举。有时一件非常微不足道的事，却成了网友们热议的话题。事情发生在若干年前。某高校食堂，一个家境困难的大学生中餐只买了一份水煮白菜和白饭，总共不过三元钱。旁边一位教师面前，摆着一份肉菜、一份主食，还有一只大大的鸡腿。只见这位教师匆匆将肉菜和主食“打扫”掉，对那位大学生说：“今天的菜买多了，鸡腿我没动，你把它吃掉吧。”说完，不等那位学生反应过来，教师已离开。几年以后，这位学生学有所成，也经常光顾各知名的酒楼饭庄，山珍海味吃过无数，但让他念念不忘的，最值得回味的还是那只鸡腿。是的，一只鸡腿算不得什么，难得的是教师的“善举”，完全是在不经意间，没有让学生有丝毫的尴尬难堪。同样值得称道的还有这位学生，对他人的帮助，懂得感激、懂得感恩。他把这个故事传到网上，聊表自己对当年给了自己“无私”帮助的人的感激之情，以及对就读学校的怀念之情。良善之心，人皆有之，良善之举，人人可为之。如何使善举受到好的效果，如何对他人给予最大的尊重，如何做到急人之所急，为人“雪中送炭”？这是大学生应当思考的问题，也是现实中谁都会遇到的问题。

友善还应当包括宽容：包括对人、对己。不求全责备；不拿他人的错误惩罚自己，也不因他人的错误原谅自己或作为自己也可犯错的理由。“人非圣贤，孰能无过？”对错误，甚至一些犯罪，给予改正的机会。在实施纪律、法律的惩罚时不抓“辫子”、不打“棍子”。人常常会因有错不能原谅自己或得不到他人的原谅而“破罐子破摔”。

宽容是多元化社会处理个人与他人及生活关系的准则。宽容是人类生活的一种智慧与精神。宽容，就是不能用自己的做人、做事标准“苛求”他人，不能要求人人都和自己一样。对自己喜欢的人予以尊重容易做到，对自己不喜欢的人表现尊重就不那么容易了。人可以根据自己的标准喜欢谁、不喜欢谁，但即便是自己不喜欢的人，也必须尊重，尊重他的行为方式、交流方式，尊重他与你的不同之处，特别是他的人格。哪怕他的许多做法令你不悦。教师不能用同一个“模子”去“塑造”学生；大学生、公民也不能以自己的好恶衡量他人、强制他人。宽容，就是“容天下难容之事”，容他人的缺点和不足。有时，可能对他人的缺点可以容纳，或者说可以容纳有缺点的人，而难容他人的优点、优势，或者对自己有优势的、可能能力超出自己的人。

“爱国、敬业、诚信、友善”的公民价值追求是一个有机的整体。爱国是敬业、诚信、友善的前提和基础，敬业是爱国的具体体现，诚信是敬业的道德基石，友善是诚信的土壤。在人的价值实践中，公民个体将这种价值追求内化为自己的基本行为准则和普遍价值遵循，然后，再外化为日常生活中的自觉行为和良好习惯，从而生成公民素养，促进公民的健康成长。

青年人如何树立和培育社会主义核心价值观？习近平同志 2014 年 5 月 4 日在北京大学师生座谈会上的讲话中，就这一点提出：要勤学、要修德、要明辨、要笃实。

二、公民美德——积极心理品质

1. 法律道德美德

“人如何获得美德？”这涉及道德哲学和道德教育史上长期争论话题——“美德是否可教？”根据第一个提出这个问题的苏格拉底的命题“美德就是知识”，美德理所当然是可教、可学的。然而，苏格拉底又认为，只有少数人才具备“美德”。那么，美德一定是特殊的知识，不是所有的人都能获得的，甚至他认为自己也得不到。苏格拉底之后，哲学家、教育家们仍就这个问题展开辩论，多数认为，“美德可教”（余玉花，2008）。

法律与道德同为社会规范的基本形式，在规范社会成员行为和调整社会关系方面各有其独特和不可替代的作用。首先，法律带有强制性约束力，是对公民必须“为”或“不为”的硬性要求，以保证社会生存、发展和进步；道德则强调自觉、自律，主要依靠人的内在良心和外在的社会舆论发挥作用，帮助人们选择从事符合道德规范要求的行为。其次，法律所规定的义务是最低标准、最底线的道德要求；道德属于法定义务以上的、较高层次的行为规范。再次，法律是讲“法”与“规”，道德更多的是讲“理”与“情”。道德和社会的舆论所颂扬或谴责的，不一定为法律所允许，而法律所支持的权利也不一定都被道德所接受。

道德有两种形态——底线道德和美德道德。底线道德是一般的道德、公德，是每个公民都必须遵守的、最基本的社会规范伦理，如社会习俗、惯例、守则、法规等，是社会成员处理个人与社会的关系、人与人的关系、人与自然的关系的基本准则。公民个人的公德水平体现一个人的精神境界，也影响一个国家的形象。社会公德作为全体公民在社会交往和公共生活中应当遵循的行为准则，是人们在关于善恶、美丑、荣辱、公平、责任等道德思想的基础上形成的，并在被社会成员认识、理解和提高的基础上，逐渐具有了一般行为规则的意义。美德道德是一种“上线伦理”，是指向更高精神境界、更高价值追求，造就高尚品德和自我完善的人的社会道德。底线道德是对所有公民一般性的道德要求，美德则是对针对“先进分子”的高要求。如中共党员是普通公民，在公民的权利方面没有任何特殊；但在公民义务、公民道德素养的要求上就是高标准。根据法律的相关规定，未担任任何公职（主要指各级各类国家干部）的公民，凡是法律未禁止的，都“可以做”；而对公职人员的要求则是：凡是法律上未明确允许的，都“不能做”。大学生是国家的栋梁之才，是民族的希望之所在，“美德”理应作为高校公民教育的价值取向。

美德与积极的心理品质异曲同工。“美德”一词源于拉丁文 virtus，意为“优势”或“优点”。心理学对美德给出的解释是：能够给个人和社会带来好处的思想及行为。

人类所赞赏的道德美德主要有：智慧、仁爱、宽容、感恩、友谊、尚礼、诚信、责任、正义、尊严、合作等。对照积极心理学提出的六种最普遍的美德以及与其相对应的 24 种积极力量，会发现两者有许多是相同或近似的。因此，可以这样认为，积极心理品质的培养也就是美德教育的具体内容。

2. 人性和爱

人性和爱的美德是人际层面的优势，是一种涉及建立亲密关系的品质，如仁慈、爱与被爱、同理心等性格优势。

仁慈主要指善良慷慨，与人为善。为人要有良心这是首要的。良心是道德规范内化而成的人的信仰，对主体的道德行为起调节作用。从义务到良心的升华，是从他律阶段到自律阶段的转化。良心感是人对自己的行为有所觉悟时的体验。当自觉到自己的行为是正当的，人会心安理得，内心安宁；当意识到自己做了错事时，会自责，有羞愧感、羞耻感。良心是个人道德的内心法官，如雨果所言，“无论哪个法官都不会比一个人的良心更了解自己”。良心感使人将社会利益、他人利益为重。

爱与被爱是指关心他人，乐于分享，与人亲近，拥有并珍惜与他人之间的亲密关系。中华民族传统文化讲仁爱。孔子思想体系的核心概念就是“仁”。“仁”的最简单表述就是“爱人”，即对人尊重和有同情心。仁者爱人，天性使然。孟子认为恻隐之心“人皆有之”(《孟子•公孙丑上》)。孔子说：“夫仁者，己欲立而立人，己欲达而达人。”意思是：自己要在社会上取得自立，在事业上顺畅通达，也要帮助别人做到这样。

1989年召开的“面向21世纪教育国际研讨会”明确提出的一个教育思想是“学会关心”。“关心”是一种心理品质，也是一种道德品质。“关心”作为一种心理品质，是以爱为基础对人和事物的态度。研究发现，关心的品质，在儿童期就有表现，如孩子对妈妈的关心，对其他小朋友的关心爱护，所以，关心具有基础性、普遍性和恒久性，是其他积极品质形成和发展的基础。“学会关心”的过程，是获得生命意义的过程，这任何时代、任何人的价值追求（班华，2003）。可否这样认为，从小懂得关心的人，将来更容易具备其他优秀品质；相反，一个从小自私自利、不懂得关爱他人的孩子，长大后出现品德不良的可能性更大！现代社会的公民，应当学会关心，学会与人共处。高校公民教育就是引导和促使学生关注自己的生活、关注社会生活，特别是那些生活中易于被遗忘的角落，从而提升关注品质，发展关注能力。

被爱也是一种能力、一种个人品质。被爱者一定具备某些特征。如有高尚的品格，值得人崇敬和热爱；与人有良好的沟通，人们愿意与之交往。有的人，优点很多，能力很强，也做了许多的好事，人们对他有“敬”，却没有“爱”。或许是太逞强？或许是高高在上，脱离群众？或者是不善表达甚至对他人的支持有伤对方的自尊？有时，不妨适当地“示弱”，或者请求对方“帮助”自己，让他人有机会为你做点事回报你的恩情。因为，双方交往中的“不对等”意味着不平等，不平等的双方怎能成为“朋友”？

心理学家把“同理心”(empathy)定义为一种高水平的认知能力，是站在对方的立场上，感同身受的能力。它能让人想象到别人的感受，或自己在他人的处境下会有怎样的感受。同理心的形成需要两个条件：一是与个人的生活经验休戚相关的“感人之所感”，即同理心以一定的生活经验为基础。二是依赖个人的社会认知能力的“知人之所感”，即同理心需要感知觉、记忆、思维和想象力的发展紧密联系，也就是积极心理学所提到的社会智力（social intelligence）。这种感同身受的心理是积极心理学中一种重要的能力，是一种能带来正性情感的能力。

灵长类动物学家弗朗斯•德•瓦尔在其著作《同理心时代：自然界对一个更友善社会的启示》中，通过对动物同理心的研究，颠覆了人在本质上是相互竞争的观念。近年来，神经学家、心理学家和教育工作者也从各自不同的视角得出共同的结论：同理心是人的“本性”。年幼无知的婴幼儿，明显地偏爱那些为他人提供帮助的成年人而不是妨碍他人的成年。更多的事实和实验研究表明，人的同理心萌芽于婴儿期。早期缺乏关爱和依恋，缺乏“被关注”积极体验的孩子，更容易产生不安全感，更缺少对他人的信任；早期遭遇过虐待、疏忽的儿童，长大后也会在理解和认同他人的情感方面出现问题，而且更容易因感到恐惧、不安而攻击他人。而在充满温情、关爱的氛围中长大的孩子，会效仿身边的成年人的同理心。实践证明，“同理心无法教会，但它可以传染”。开展多种社会活动、积累丰富的生活经验，是培养大学生同理心的必要条件。大学生应以开明、开放的心态，学会体察他人的感受，获得他人的支持和爱。万不可走向反面——“以小人之心度君子之腹”。

3. 公正正义与责任

公正正义主要指公平公正地履行公民的职责，行使公民的权利。应当在具备民主与平等意识的基础上，学会承担自己的社会责任。

4. 角色学习

每个人都生活在特定的社会关系之中，都有相应的社会地位和社会身份，承担相应的社会角色，在享受社会分工系统和交换系统所带来的利益的同时，也必须根据自己在这种分工系统和交换系统中的地位承担相应的责任，即名责相符、权利与义务对等。每个人在其一生中，都将承担多重角色。

所谓角色，也称“社会角色”，是指个体与其社会地位、身份相一致的行为方式以及与之相应的心理状态。社会角色可按不同依据划分成不同类型，如根据角色的获得方式分为先赋角色（父母、儿孙）和成就角色（企业家、教师）；根据角色的规范化程度分为规定型角色（教师、医生、公务员）和开放型角色（朋友、同学、同事、邻居等）；根据角色的功能分为功利型角色（企业家、销售商）和表现型角色（学者、公务员、志愿者）；根据角色的心理状态分为自觉角色（性别之外的所有角色）和不自觉角色（性别）。在这个意义上，每个公民的所作所为都是“公民在行动”，都要考虑国家，乃至整个世界的利益，要为自己负责、为国家负责，为地球负责。

5. 承担社会责任

责任一词来自于拉丁文 respondere，有“负责任的”（responsible）和“可回答的”两种含义。对责任的理解，第一，有能力、并应当履行（义务），即应当而且可以做分内应做之事；第二，不可回避和摆脱，即必须履行，并承担没有做或没有做好的后果。前者是对社会或他人承担义务——“尽责”；后者是接受社会检查——“问责”。这两个方面都是责任的最低限度，明确了哪些事“应该做”，哪些责任“必须承担”。

责任心是个体对其所属群体的共同活动、行为规范以及他所承担的任务的自觉态度。表现为对自己及他人的关心，对公共事务的关心，对国家、对人类的发展与进步的关心。

心理学认为，责任认知（对自己所承担的责任的认识）、责任情感（即责任感，指人在社会生活中对自己完成任务、履行责任的情况持积极主动的态度而产生的情绪体验）、责任行为（履行责任的反应动作和活动）是责任心的心理结构。责任认知是其他心理成分的基础，以一定的认识能力为基础，也与责任知识的掌握密切相关。责任情感起动机作用，其构成较复杂，包括同情心、义务感、良心、羞耻感、爱心、奉献精神等。责任行为表现为个体遵守社会和群体行为的规范，促使群体共同活动的顺利进行，是责任心的外化，也是人的责任得以实现的关键。受个体责任动机、责任能力的影响而带有不同的个体特点。

我国历来重视责任教育，如“当仁不让”（孔子），“舍我其谁”（孟子），“天下兴亡，匹夫有责”（顾炎武），还有“位卑未敢忘忧国”“穷则独善其身，达则兼济天下”等。“学会负责”应成为公民教育的重要内容。

对社会上出现的“道德冷漠”“见死不救”，社会心理学有专门的研究。当人们面临紧急情境时，是提供帮助还是避免介入？当事人要经历一个决定的过程。皮利文（Piliavin. J.）等人提出了一个模式，描述这个过程。

皮利文指出，当目击到一个紧急事件时，主体首先产生生理唤起，事件越严重，唤起水平越高。被唤起的个体在这种不愉快体验的推动下可能采取利他行为，来降低这种唤起。

责任归属的判断、助人得失的分析、对唤起的解释，取决于四个因素：

个体因素。第一，良好的心境。心理学的实验证明，成功、其他意外收获（获得免费食物、赠品）带来的好心境，增加了人们的助人倾向。不仅如此，好天气带来的愉快心情，也使人更愿意助人。第二，内疚感。内疚是一种行为与自身社会角色不相符时自我否定性的消极情感体验。为了寻求自我价值的肯定，个人出现内疚体验后，会想方设法消除内疚。第三，助人的代价——人们是否对他人，特别是不相识的人提供帮助，还要看在帮助别人时，自己是否会付出大的代价。如果自己此时很忙，提供帮助可能耽误自己的时间或者使自己失去某个机会，人们就可能不愿助人，尤其不会主动助人。此外，还受个性特征的影响，如个人的价值观。有研究指出，信教的学生比不信教的学生愿意花时间做公益性的事情。当陌生人需要帮助，又有潜在危险时，挺身而出的男性多；较安全的情境中，女性提供帮助的比例大一些。

情境因素。遇到需要紧急救助的情况，如果只有自己一人，会义不容辞，马上报警或前去帮助。有他人在场，榜样有示范作用，只要有人挺身而出助，立刻大家鼎力相助。他人在场也可能出现责任分散，大家都袖手旁观，出现“旁观者效应”，彼此间相互暗示：或者应由他人出面，或无须出手相助。团伙犯罪也是出于责任分散，至少“我不需要负全部责任”而变得胆大妄为。

受助者特征。老人、小孩、文弱女子、残疾人沿街乞讨，容易引起人们的同情和帮助。而一个彪形大汉、一个四肢健全的青年人，一般没人理睬，而且可能遭到白眼。

社会文化因素。主要是对助人者的赞扬和支持。我国设立了“见义勇为”奖，就是弘扬正义，鼓励人们的利他行为和自我牺牲精神。如果没有一个积极的社会环境、社会舆论，都明哲保身，“多一事不如少一事”；或者没有主见、人云亦云，遇到危险，或面对需要帮助的人，就会出于外界的压力或出于对自身利益的考虑，自动放弃应承担的责任，这是“责任回避”。

以上因素的共同作用，使主体作出最后的决定，并付诸实施。为了培养负责任的公民，除了从公民素养、美德、积极心理品质着手外，不能忽视积极社会、良好环境的建设。

智慧是认知层面的优势，涉及获得知识和运用知识的能力。表现为对事物的好奇，有科学探索的精神和勇气；乐于接受新思想，掌握新知识、新技巧；善于思索，具有思维的流畅性——短时间内就一个问题提出多种解决的办法；变通性——随机应变，提出不同凡响的新思想、新模式；独特性——标新立异，有超乎寻常的独特构思。智慧并非一定惊天动地，而是于平凡中见不平凡。

通俗地理解，智——做大事不犯错；慧——做基本的事不犯错；智慧——做人做事有基本的原则，有基本的坚持。这样的人均有良好的智力和创造力。

智力是古老且复杂的概念。智力的概念被广泛地应用，但对智力概念的定义尚无统一的看法。最初，人们把智力作为一个哲学上的概念，与精神、意识、理性、理智等当作同一概念使用。我国古代学者们关于智力概念的思想主要有：（1）“智”“知”互通；（2）智力与聪明等同；（3）智力即“智慧”“智能”；（4）“智”与“能”相关。科学心理学诞生以来，一直把智力作为主要的研究内容。心理学家们也不断地给智力下定义，如“智力是人的大脑的潜在能力”“智力是习得的知识和技能的累积”“智力是创造新事物的能力”等。我国心理学家一般是从智力与能力关系的角度来给智力下定义的。如智力是人的各种能力的总和；智力与能力分属认识活动和实际活动的范围，二者并列；智力从属于能力，是一般能力。

创造是人们应用已知信息，产生某种独特新颖的、具有社会意义的成果的活动。成果可以是一种新的思想、新的观念，也可以是一种新的技术、新的工艺。创新可以理解为理论或实践上的首创、突破与革新。创造力是人们在创造活动中表现出的能力。是人的心理活动在最高水平上的多种能力的综合。人们从事创造性活动，不仅要有高度发展的智力因素，而且还应具备良好的情感、意志和个性品质。这些心理因素相互联系、相互制约，构成了创造力的有机结构。

有智慧和创造力的人一般都有以下个性特点：独立性强，不落俗套，不墨守成规；自信、热情、勤奋、坚韧、顽强，不怕困难，有魄力，有抱负，有献身精神；持之以恒，锲而不舍，一丝不苟；兴趣广泛而专一；有强烈的好奇心和探索心理；风趣、幽默，心理健康。

智慧和创造力是每个人都具有的一种普遍特征，但智慧和创造力的表现、发展水平都有较大的个体差异。除了遗传素质、先天因素之外，主要受外界环境的影响。

研究表明，家庭、父母的特点及其教育方式影响孩子智慧和创造力的发展。父母独立性强、表达性好、强调个人观念，允许孩子自由表现，主张地位平等，鼓励孩子动手实践，父母关系良好、孩子的智慧和创造力就高。反之，父母的强制行为，对孩子的过度教育，会影响孩子智慧和创造力的发展。

学校教育对人的智慧和创造力的影响尤为明显。如爱因斯坦认为，他在瑞士阿劳中学学习的一年，受益匪浅。是阿劳中学“自我行为和自我负责的教育”发展了他的想象力；是阿劳的中学的“自由气氛”培养了他的独创精神和创造力。这些都成为他的狭义相对论思想孕育的土壤。大学教育应鼓励学生大胆质疑、独立思考、尝试探索，培养学生自信果断，尊重学生、教学民主，启发诱导、因材施教，以培养出更多有智慧和高创造力的学生。循规蹈矩、自谦礼让、唯师命是从，会埋没学生的才华，降低学生的智慧和创造力。

社会环境也与智慧和创造力密切相关。在独裁文化环境中，在过分崇拜名家、权威的社会里，人们往往退却、服从，有很强的自我防御机能，缺乏首创精神和创造力；在鼓励独立创造，主张民主平等的社会，人们有强烈的求知欲，有探索“异常解决方法”的浓厚兴趣，有利于刺激新思路的开拓，人们的智慧和创造力水平普遍提高，且男女差异较小。社会不同时期不同专业的社会地位和社会功能，对专业才能和创造力的培养有重大意义。我国宋元时期，农业、畜业、手工业的发展对数学研究提出了很高的要求，使中国数学盛极一时。如以李冶的“天元术”（一种普遍的列方程方法）和朱世杰的“四元术”（联立多元高次方程解法）为代表的代数学早于西方几个世纪。唐代是我国古典诗歌史上最繁荣的时期，与当时诗歌的地位显赫，朝廷以声律取士有关。文艺复兴时期，也因类似情况，才使意大利诞生了众多卓越的诗人、艺术家、思想家。

“大黄鸭”曾经几度成为国人热议的话题。2013 年 9 月，风靡世界的“大黄鸭”来到中国大陆，亮相北京“园博园”。“大黄鸭”的设计者，荷兰艺术家弗洛伦泰因•霍夫曼的设计理念是简单朴实。“大黄鸭”迅速在全世界走红，原因也很简单，一是人们在快节奏生活中对简单的追求，二是流行的“萌文化”。设计者希望通过这个作品传递正面的、积极的、友好的和快乐的信息。我们从中可以得到的启示：创新不必要求完美和厚重，只要有自己的特点，能赢得公众的，就是成功的，不应该、也没有必要去做“山寨”版；只要有担当，少些“功利”，我们这样一个富有创造力的大国，一定会有大量自己特色的“中国创造”问世。

四川遂宁市智慧教育集团坚持特色办学，以“育思启智，涵品养慧”为核心理念，开展了别开生面的“智慧教育”，提出智慧管理（打造精神特区，创建幸福校园）、智慧德育（传承华夏美德，培育精神生命）、智慧课程（实施多元课程，促进个性发展）、智慧课堂（启迪优势智慧，设计智慧人生）、智慧服务（推进健康工程，开展心灵耕耘）、智慧学子（落实全员承包，追求人人进步）的智慧教育模式。实现其用智慧培养具有华夏美德和国家竞争力的智慧人的目标。相信在这样的环境中，学生的智慧和创造力一定会为每一个学生提供他们所需的、有利于他们幸福生活和积极成长的时空。他们的做法，高校也可以借鉴。

灵性与超越是自我实现的优势，寻求超乎个体的生命意义，表现为理解生存的意义、生命的归宿，有理想有信念。其中包括大量积极的情感因素和良好个性品质。如：发现美、创造美、欣赏美的能力；拥有感恩之心、感激之情，且乐于和善于表达；对未来抱有积极的期待，相信美好愿望的实现；乐观向上，擅说笑逗趣，为他人带去欢乐。

感恩是中国人的美德，懂得感恩是一个人最起码的道德品质。“滴水之恩，当以涌泉相报”，“感恩”不仅是一种情感，更是一种人生境界的体现。美国加利福尼亚州州立大学多明戈斯山分校的心理学家进行了一项研究：他们以 700 名 10 ~ 14 岁学生为被试，对他们的感恩心进行评估，之后，对感恩水平较高的学生做了 4 年追踪。发现：这些学生的睡眠、心理状态、整体发育水平较高，他们很少有抑郁、焦躁情绪；他们行为检点、规范，少沾烟酒、斗殴。特别值得一提的是，这些心怀感恩之心的青少年的消极情绪下降 13%；意志消沉发生率降低 15%；违规行为减少 9%；知心朋友多 11%；对未来充满美好期望提升 17%；抗挫折力增 28%；生活目标的积极感提高 15%。于是，引发了人们对感恩的兴趣和对感恩的研究。

大量的实证研究表明，感恩可以提升健康水平和幸福感（谢晓东等，2013）。首先，感恩促进个体身体健康，如提升睡眠质量、控制血压等。其次，感恩促进个体主观幸福感。感恩者比不感恩者的积极情感和乐观更多、生活满意度的水平更高，消极情感和悲观则更少。再次，感恩能促进个体心理幸福感。感恩的人，更乐于助人，更容易融入社会，有更多的朋友，更良好的人际关系。他们更愿意向需要帮助的人伸出援手，而且不图回报；当他们处于困境时，别人也更愿意提供帮助，而他们也会对这些人以积极的反馈。因此，感恩的人会以更积极的情感和心态面对生活，他们的主观幸福感和心理幸福感都会达到较高水平。

感恩教育，不能以简单空洞的说教和进行单纯的感恩知识的灌输，而应用丰富的案例引导和启发学生引导和激发学生识恩、知恩、感恩、施恩。

感谢谁？首先学会感谢给予自己生命、养育长大成人的父亲、母亲。对于父母的感恩、感谢，应落到实处。如，常问候：以各种方式，向父母道一声“辛苦”，一些重要的日子——父母的生日、结婚纪念日等，送上真挚的祝福、小小的“礼物”。多帮忙：自立自强，不让或少让父母操心；尽量做些力所能及的家务。更努力：勤奋学习，努力工作，以真才实学立足社会、服务社会，为家、为国尽孝尽忠。常回家、勤沟通：抽时间常与父母谈心、交流，让父母放心、安心。

其次，感谢教育、支持、陪伴自己成才的学校、教师、友伴。对学校、对教师的感恩、感谢，教师起主导作用。“爱生”是教师职业道德的基本要求，必须做到。教师应当值得学生尊重。感恩教育，教师是积极的参与者；是学生感恩的共鸣者；是学生人格的尊重者。学校每位教师真诚地对待每一个学生，充分尊重每个学生的人格，理解、支持和宽容学生，和学生一起共同成长，使学生在心灵相通的理解、尊重和关爱中，体验到一种被尊重感和幸福感，形成超越自我的学习动力（王同心，2008）。

第三，感谢使自己施展才干、发挥作用的社会。感恩、感谢社会是大学生感恩教育的重要一环。今天的幸福生活是大家共同创造的，明天更美好的愿望，也靠大家的努力来实现。我们感谢国家，感谢社会，也感谢我们自己。

幽默风趣，习得快乐。人生在世，谁都希望生活快乐。2013 年 7 月，在英国利兹大学举行的第 20 届“国际中古史大会”的主题是“愉悦”。大会探究了中古时期人们的各种精神追求，特别是追求中的情感体验——快乐和痛苦。当时人们拥有坚定的信仰，他们的积极精神生活与其物质匮乏、生活艰苦的现实之间形成强烈的对比，在当时的作品中，强烈地体现出灵与肉、苦与乐等二元对立观念，令今天的学者们着迷和困惑。看来，追求快乐与幸福是人的天性，是人类矢志不渝的精神追求，也是人与动物情感的重要区别。

乐观与快乐（happiness；joy）虽然都是一种重要的积极情绪，是个体面向未来的一种积极体验。但二者的含义不完全相同。在现代汉语中，“乐观”指人的精神愉快，对事物发展充满信心；“快乐”指感到幸福或满意。心理学家对快乐的定义：是一种主观上安乐的状态——平衡而满足的内在感受。一见倾心，中了大奖，使快乐达到顶峰，对此，我们梦寐以求，但它可能稍纵即逝。重要的是你感到快乐的频繁程度，而不是强烈程度。因此，快乐应该归结为在大部分时间里有一种悠然的满足感。当我们快乐的时候，我们喜爱自己，热爱生活，能够从每一天当中得到乐趣。乐观也被称为“乐观智力”，侧重于人对事物的一种观念、态度，精神成分多。快乐则主要指人的感受、体验，生理上的满足略多些。但时常会将二者作为同一概念使用。

关于乐观和快乐的生成，有两种不同的观点：天生的和后天习得的。研究表明，大脑额前皮层产生的电波活动越强，人就可能越快乐。对同卵双胞胎的研究过程中发现，我们每个人天生有一个快乐的“设定点”，快乐的能力似乎受到生物和遗传的影响。但是，我们可以采取增进快乐和消除不快的方法来超越“设定点”，这便是“学习快乐”。

赛里格曼和他的同事做了一项通过增加个体积极力量，促使个体达成心理健康的短期纵向研究。先对所有被试进行初测，获得一个基础分数。然后用一周的时间进行实验。要求实验组的被试做快乐练习，共 5 项，每个实验组做一项：（1）感激练习；（2）每天记下三件生活中的快乐事件；（3）记录下自己近期生活中一个最辉煌的时刻；（4）用新的方式使用自己最具代表性的积极活力（被试通过一个在线测试来获得自己最具代表性的五项积极活力）；（5）了解自己最具有代表性的积极活力（对测试得知的积极活力进行分析）。对照组只是被要求以流水账形式记录自己一天的生活情景。1 周后、1 个月后、3 个月后、6 个月后做重测。结果：参加快乐练习的被试的快乐体验都有增加，同时还减少了抑郁等消极情绪。其中参加（2）、（4）项练习的被试的这种变化持续时间最长，6 个月后依然能测到这种变化，而对照组则没有任何变化。由此证明，经过练习，快乐是可以习得的。

快乐不等于幸福。幸福与快乐最大的本质区别体现在对人生意义作用的不同。从量上来讲，幸福对人生起着重大、持久的促进作用，有利于人生发展的完满。而快乐是指发生在人生的某个个别事件后短暂的心理感受，这种类似于幸福感觉的心理体验，对人生的生存和发展所产生的作用也是短暂和狭窄的。

据说，大哲学家苏格拉底的妻子性情暴躁，动辄发脾气，而且不分时间、场合，不顾及丈夫的面子。有一次，当着几个学生的面，又大吼大叫起来，最后竟然将一桶凉水整个倒到丈夫身上。苏格拉底的一句话，既为自己的尴尬解嘲，也逗乐了妻子。他诙谐地说："我早就知道，雷声过后必有大雨到。"在场的每个人在欣然大笑的同时，更加钦佩这位智者的睿智、机敏和坦荡，因而被称为"智者的幽默"——明哲高超的文化素质和艺术修养。幽默不是庸俗轻浮的笑话，也不是油嘴滑舌的表现，而是一种有价值的思维品质，洞察世事，入木三分，言简意赅，含蓄诙谐，寓意微妙深邃，给人以启迪和韵味。幽默的人，乐观、自信，机敏、灵活，巧解人意；幽默的人，自制力强，善于缓解情绪；幽默的人，心胸开阔，襟怀坦荡。幽默是一种积极的、成熟的心理防御机制，人格比较成熟的人都懂得在适当的场合，运用合适的幽默，打开他人心扉、驱散心头阴云、打破窘境、改变困难局面。同事之间善于利用幽默可协调人际关系，提高办事的成功率。夫妻之间善于幽默，可缓和冲突，稳定夫妻关系。

希望一直是哲学、宗教等人文学科讨论和关注的焦点。在积极心理学家眼里，"希望"是反映个体对自身实现目标能力的认识和感知。包括目标、路径思维和动力思维。其中，目标是希望的核心成分，是心理行为的出发点。目标可大可小，可远可近，但必须明确。路径思维指达到目标的明确策略，是大脑中设计实现目标的计划和方法，是通向期望目标的路线。动力思维的开启可克服困难，持续实施这些策略。在实现目标的过程中，路径思维和动力思维二者是正相关关系，相辅相成，共同实现目标。实践证明，人类天生拥有希望，但希望的水平因人而异。一般认为，具有高希望水平的人在学习和工作中有较好的表现，有较好的解决问题的技能和心理调节能力。希望的作用可有正反两个方面，既是人们前进的支持力量，也可能带给人们消极的感受，如希望越大，失望越大。

人从动物界中分化出来，审美即开始萌芽，并随着社会的发展而发展。认知心理学研究了审美知觉过程后指出，审美主体欣赏艺术品时会唤起一种期望模式，当期望得到肯定时就会产生愉快和美感。人本主义心理学认为美感是一种高峰经验，是对自我的观照，自我不停地追求在创造中实现自己的潜能，在达到了自我实现时就会出现高峰经验和美感。

我国古人将抽象的美的本质"还原"为具体，用一些生活中常见的具体事物来阐释和比喻美。如将人的纯洁温润的美德比作"玉夫玉者，君子比德焉"；或者以具体事物比喻人的美德：梅的暗香、竹的挺拔、松的高洁比喻人的高尚、谦逊、坚韧、受辱不惊等人格特征。"美即生活"——生活中可以寻找到大量的美，感受到无限的美。

现代人，应当有比古人更高的审美素养，善于发现和欣赏自然的、艺术的、科学的、生活的美。心理学的实验和观察研究发现，人们在歌唱、演奏、舞蹈中，全身各种器官都活跃起来，不仅提高了兴趣，注意力更集中，而且记忆力也大大提高。人们在日常生活中也深有体会，把一些难以记住的学习内容用一个自己熟悉、喜欢的歌曲的曲谱唱出来，效果非常好。绘画能激发和训练人的观察力、想象力、记忆力和思维力，还可抒发情感，放松心情，陶冶性情。多才多艺的人，还可以有更大的自信；善于发现美、创造美、欣赏美的人，与人交往中，谈资更丰富，更能赢得他人的钦佩和尊重。

美育并非培养几个歌唱家、钢琴家、演员，而是提升大学生的品味和格调，引导学生掌握艺术美、自然美、行为美的标准，学会发现美，欣赏美。通过美育，使大学生能从艺术美的欣赏中，学会对社会美、心灵美的发现和欣赏，并使自己从中获得轻松、快乐和成长。

1972 年，在人类进入生态文明时代之时，生态审美教育作为一种新的审美教育形态被是提了出来。生态审美教育的性质是人体各感官直接介入的“参与美学”教育，因为这种教育具有极强的实践性，重在实施。

勇气是指英勇顽强，不怕困难，危急关头挺身而出，坚持不懈，不达目的不收兵。自制是自持处世的优势，远离骄奢无度，谨言慎行，虚心、自谦，对自己的情绪与行为的自我调节、自我调控力。

积极心理学研究的另一个重要问题是“自我决定论”（Self-determination Theory，SDT），认为人有一种关于经验选择的潜能，这种潜能在充分认识个人需要和环境信息的基础上，能帮助个体对行动作出自由的选择。该理论指出，只有一种方法可以促进人类的心理健康，那就是重视个人成长、自主、良好的友谊和社会服务、不断努力追求内源性目标。

现代公民良好的意志力，首要的是有自己的人生目标。哈佛大学有一个非常著名的关于目标对人生影响的跟踪调查。对象是一群智力、学历、环境等条件都差不多的年轻人，调查结果显示：目标清晰而长远的 3%；目标清晰但短暂的 10%；有目标但较模糊的 60%；没有目标的 27%。25 年后的跟踪发现，这些人的生活境遇有很大差别。60% 目标不清晰的人，他们基本居社会的中下层，生活马马虎虎过得去；27% 根本没有目标的人都生活在生活最底层，有的没有任何收入，只能靠救济。10% 目标清晰但短暂的人大多生活在社会的中上层，从事医生、律师、高管等工作，稳定，安逸。3% 有远大而清晰目标的人，则大多成为社会各界的拔尖人才、行业领袖等。

但仅仅有目标还不够，还应看到目标，并一直向目标前进。1952 年 7 月的一天，曾征服过英吉利海峡的弗洛伦斯·查德威克要横渡卡塔琳娜海峡。如果成功，她就是征服该海峡的第一位女性。可惜，天公不作美，海面上浓雾重重，海水冰凉刺骨，她搏风击浪，拼命地游向对岸。她没了力气，透过护目镜远望，对岸仍似远在天边，终于，她不得不选择了放弃。当得知只差半英里就游到对岸时，她后悔极了，沮丧极了。“假如那天我看见了海岸，我一定会成功的。”两个月后，她又回到那里，胜利地横渡了卡塔琳娜海峡。这一次，天气仍然很糟糕，但她汲取了上次的教训，在她的心中有一个目标，她不仅实现了这个目标，而且把记录提前了两个小时。

“人生逆境十之八九。”人生充满了艰难、挫折、苦恼和困惑。如何面对，反映出一个人的心理素质。美国作家海明威的《老人与海》的主题思想可概括为：“人可以被击倒，但不能被击垮。”良好的心理素质是人生走向成功的必备条件。古今中外，凡成功者，都有对人生的执着追求和乐观豁达的心态。大发明家托马斯·爱迪生的实验室在一场大火中化为灰烬。他一生的心血付之一炬。面对毁灭性打击，爱迪生镇定自若，还说邀请夫人前来观看这难得一见的熊熊烈焰的“壮观”。

心理弹性（resilience；也译为复原力、抗逆力、压弹）的含义大致相当于人们所理解的“挫折承受力”，是指个体遭遇负性事件时能够灵活应对并保证心理健康的一种能力。作为积极心理学的一部分，心理弹性主要从情绪的灵活性和认知的灵活性方面预测心理健康现状，提高心理健康水平。研究发现，心理弹性高的个体的特征是乐观、积极应对、意志坚强。研究证明，心理弹性在负性事件和心理健康中起到了调节作用。心理弹性高的个体，在复杂的压力和逆境中，有更多的正性情绪，他们能发现事件的积极意义，以能获得积极体验的应对策略中，保持心理健康，快速地从困境中走出来并得到成长。相反，心理弹性低的个体，有更多的负性情绪，多采用表达抑制上的情绪调节方式（彭李，2012）。

总而言之，美德、积极心理品质、中华民族的优良传统、社会主义核心价值观的要求都是一致的，还可视为人类共同的价值，这是全球化的基础，是世界公民素养的基本要求，也是大学生应当具备的个人品德。

第五章　公民教育的原则与方法

第一节　主体性与适应性

一、主体性

主体性是指公民教育把教育者和受教育者都作为教育主体，充分尊重他们的主体地位，注意调动其自我积极性，实现公民教育目标。

贯彻主体性原则，就是充分发挥教与学两个主体的自主性、能动性和超越性。所谓自主性是指使师生都必须主宰自己的精神信念，必须独自作出自己的选择并为这个选择负责。能动性是指自己努力，积极活动，主动地发展和完善自己。所谓超越性就是能够超过自己的原有水平，实现新的发展与进步。

人是学习的主体，也是道德的主体。心理学的研究指出，主体道德的形成是一个从他律到自律的过程。规则意识教育就是自律教育。自律不受外在法则的约束，自觉、自愿地采取正确行动，这是公民教育的最高境界。学校应鼓励学生积极参与制定规则而不是被动接受规则。让学生参与学校、班级的管理和决策，经大家一同参与制定、讨论和诞生的“规则”，参与者意识到这些规定、规则的意义，懂得规则、规范、法律是为了维护、保障全体社会成员的利益，是为每一位公民服务的，就会自愿、自觉地遵守。人们自觉自愿遵守的规则才有意义，才能发挥应有的作用。

遵循主体性原则，首先是大学生身心发展特点的规定性。大学生是具有适应能力的个体，他们有能力通过自我教育，掌握道德知识，进行道德判断，作出道德选择，产生道德行为。只要他们认识到自己是教育的主人，产生对自己主体地位的认同，就会理性地思考问题，主动参与公民实践，在现实中完善自己，养成美德和积极的心理品质。其次，是公民教育过程和规律的必然要求。公民教育的过程也是大学生继续社会化的过程，是进一步将外在的道德要求、社会的价值观内化为主体内在需要的过程。这个过程是主动的、自觉自愿的，不可能被动地接受，盲目地遵从。教育的要求、社会的规范，都需要主动转化成主体自己的自主性、自律性要求。为了这个结果，教育者应把大学生当作活生生的人，有自己的情感欲望、思想意识和个性追求的人，应当给他们足够的理解和尊重，而不是可以用来“塑造”的（董春晓，2008）。

遵循主体性原则，就要尊重学生，教育的内容、方法、途径，必须考虑学生的年龄特征和身心发展水平，所接受的公民教育的状况，以及所具备的公民素质的情况等。注意教育过程中的三个层面：从实践的角度理解事物；从人的角度理解实践；从主体的角度理解人。在内容的选择上，贴近学生，贴近实际。采用启发式、讨论式，实行合作学习。途径上，以课堂教学与课外学习结合，独立课程与综合课程、渗透性课程结合，显性教育与隐性教育结合，校内学习与校外实践结合，学校、家庭、社会三者有机统一。注意提高大学生的自我教育能力，让他们在课内课外，校内校外，知识与技能等方法的学习和实践都充分表现中自觉性、能动性。在实践中，既体现“自主”，也体现“责任”，即自己选择，自己负责，为自己负责，为社会负责。

师生交往中，双方人格上完全平等，相彼此互尊重、民主平等、情感和谐；是一种合作的、平等的、对话的关系，这样的师生关系有利于双方主体作用的发挥，可实现“把人的世界和人的关系还给人本身”（曹清燕，2005）。学校层面，还应为发挥教师的主体作用制定相应的制度和措施。

二、适应性

适应性原指生物体随外界环境条件的改变自身的特性或生活方式的能力（辞海）。后泛指主体对外界的适应。

捷克著名的教育家夸美纽斯在其《大教学论》就提出了自然适应性原则——依照自然法则进行教育。他反对强制性教学，主张按照人的自身发展规律进行教育，按照学生的年龄特点、理解水平来设置课程，确定教学内容，不能超过学生的发展水平和特点，强制儿童学习和接受。夸美纽斯试图以自然的力量，释放人的内在才能，促进学生身心发展。

今天的教育所提倡的适应性，范围极广。对高校而言，第一，适应社会的发展变化——国际化，高校的办学、育人都应做调整。高校的使命也在培养人才、科学研究、服务社会的基础上，增加了文化的传承和创新。第二，适应高校培养目标的变化，大众化教育，学生毕业后的就业趋势，都要求高校必须重新考虑专业设置、课程安排如何与行业、企业岗位对应；同样的时间，如何使学生既具备通用知识，又有专业特长；如何在“大众化”中调整教学内容、方法，保证人才培养质量；怎样在名目繁多的“排名”“评比”中有自己的坚守，自己的特色。第三，适应知识更新的需要。人类的科学知识正以前所未有的速度剧增，据估计，每 3~5 年增加一倍。有些知识是必须要通过教学过程获得的。原有教师的知识量和知识结构都可能面临考验，有的学校师资“青黄不接”，高校需要考虑的问题很多，如怎样以现有教师数量，适应不断增加的专业数、课程数、学生数等。新的专业，需要新的教师，但教师的引进和培养需要一个过程。第四，要适应国际交流增多的需要。各级各类学校都遇到与国际合作、对口交流等新问题，新任务。学术的交流，需要我们有自己的学术研究队伍和成果。双方师生间的交流，需要学生有相当的用外语进行交流的技能；需要教师对对口国家、对口学校的了解；还需要师生对本民族优秀传统文化的熟知，对他国文化的了解和尊重等。高等教育要做到这一点，就必须成为一个动态的、开放的系统，能经常改变自身系统的结构，适应外部环境变化的需求。

但高等教育对外部世界的适应，绝不是被动的，尤其不是为了适应而降低自己的“校格”。大学是孕育新思想，引领社会文化发展方向的重镇，无论何时，都要有自己的原则和基本的“坚守”。在大学生公民教育中，承认大学生的心理发展特点和个体之间的差别，承认价值导向的层次性，但不失大学的特性，不失人才培养的高质量。要求科学地确立高层次的目标，不断完善较低层次的目标，使公民教育、使大学生的价值观，乃至整个社会的价值观健康、有序地发展（张海波，2002）。

第二节　层次性与差别性

一、层次性

层次性原则要求人们遵循事物本身的层次性特征，兼顾整体与各个层次，以及各层次之间的关系。

层次性原则的依据，一是大学生具有年级的层次性；生活经历、所受家庭教育和社会影响的差别性；每个学生心理的个体差异性；学生思想状况、已有公民素养的不同，等。二是公民素养的形成与发展是一个由低到高，不断升华、不断强化的过程，要求公民教育中应充分考虑层次性和差异性。中国儒家文化传统中的“君子”之道也是有层次的：“物格而后知至，知至而后意诚，意诚而后心正，心正而后身修，身修而后家齐，家齐而后国治，国治而后天下平。”（《大学》）从个人修为到积极践行、知行合一，都是分层次的渐进过程（张轩、程世平，2008）。

贯彻层次性原则的具体做法如下。

第一，在调查研究的基础上，了解当代大学生的身心发展特点，根据不同专业、不同年级、不同心理特征，确定不同的公民教育具体目标，有的放矢地进行教育和引导。

第二，根据不同的时期公民教育的任务和目标，大学生的思想觉悟、认识能力、兴趣爱好等个性特点，区分出不同的层次，因人而异地、有针对性地进行公民教育。比如，大学新生的公民教育集中在对新生活的适应、新的社会角色的学习和新的学习方法的掌握等方面；大二学生主要是通过专业课程的学习，进一步增强其社会责任感，在参与中学习基本的公民技能；大三则主要是公民知识学习的深化，公民情感的激发和公民人格的养成；大四是近距离接触社会，掌握社会生活和社会服务的技能，为实现成为“独立的社会人”

做最后的准备。

第三，注意教育的层层递进。文化的多元性，社会利益的多样性和动态性，对大学生的要求也不能一蹴而就，需要逐层深入，逐步提高。在内容、目标上体现以认识为先导，由近及远，由浅及深，由表及里，由感性到理性，由对己负责，到对他人、社会、国家民族负责的递进性、层次性特点（蒋国勇、应小丽，2004）。对他们的价值观、美德和积极心理品质的要求，先是合理合法的，从“底线”做起，再到核心价值、核谐价值观。对他们责任和责任感的要求，同样要从兼顾个人与社会、服从社会、奉献社会三个层次逐层进行。

行为经济学认为，追求自身欲望的满足或追求快乐是人从事各种活动的根本动机。但追求个体的满足和快乐，并不意味着一定必须“损人”才能“利己”。研究者将人的动机分为两大类：利己动机和利他动机。利己动机包括损人利己方式和利己但不损人方式；利他动机包括利他不损己和舍己为人方式（张旭昆，2001）。舍己为人的行为动机使人在追求快乐和满足过程中，以利他为主。如果利他的需求和动机得到满足，主体便会感到快乐。利他动机有的表现为“软”利他，即希望种瓜得瓜，种豆得豆，“投桃报李”。有的纯粹为了他人，不图回报，这就是“硬”利他，即心理学所说的“助人”。公民教育应区别大学生利他动机的不同层次。“利己不损人”是基本的道德要求，可引导他们在一些有意义的活动中，产生利他动机；对“损人利己”的人则需要批评教育，通过某些方式让他们知晓损人的结果早晚有一天会损己；对“舍己为人”者，区分不同情况，使他们明白“利他”不等于必须“舍己”，如果仅仅是为了得到社会和他人的赞许而做无谓的自我牺牲，不值得，社会、学校不提倡。如果为故意伤害自己或自己放火再去救火骗得“英雄”的称号，那可就是犯罪了。

二、差别性

差别是事物的普遍性，就像世界上没有两片完全相同的树叶一样，人与人之间的差异是一种客观存在。不仅后天形成的态度、价值观、行为习惯不同，而且先天的遗传素质也有所差别，尽管这种差别极小，甚至可以忽略不计，但在一定条件下却可能对人的影响很直接。比如，不是每个人都能成为“足球大王”“跳水女皇”“钢琴才子”。这些才能与先天条件有很大关系。可以说“一般能力”（general ability，简称 G 因素），即做任何工作都需要的能力，每个人的差别不大；而在“特殊能力”（specific ability，简称 S 因素）方面上却千差万别。根据加纳德的多元智能理论，每个人都有自己的优势能力，都是多种能力的不同组合形成的独具特色的能力结构，其既受先天遗传素质的影响，也有后天环境对人的潜能的激发。而使人从根本上区别于他人的，是主要受后天环境影响形成的个性。

贯彻差别性原则，要求教育者关注和重视学生的个别差异，尊重学生的个性，根据不同学生的不同需要，为他们提供适合的、多元发展的选择空间和资源支持。教育中，使学生学会发现自我、了解自我，尊重自我，对自己发展的无限可能性充满信心；适时、适当地给予赞赏和鼓励、关注和提醒、点拨和帮助，使他们逐步具备完全的自我教育能力。教育中，贯彻“因材施教”的思想。另外，教育者应根据自己的特点选择最适合自己的，最能体现自己特色的教学方式和教学风格，供学生选择。

第三节　开放性与渗透性

一、开放性

开放相对封闭而言。是指公民教育应依据自身特定的发展规律开展教育活动，保持良好的教育秩序；但教育要完成人才培养、科学研究、服务社会的使命，必须开阔眼界，顺应经济社会的发展变化，不断完善和创新办学机制，实现资源利用、教育效率、社会效应的最大化。

任何事物都是现实世界的一部分，都与外界事物有着这样那样的联系。通过对外开放，事物获得了对自身发展的多方面的支持；通过开放，自身也反作用于外界事物，促进了事物有序发展。开放性的前提和基础是“内部开放”，如打破内部各系统间的阻隔，系统内信息沟通顺畅，各种资源的整合与共享。开放性的扩展是“对外开放”，即不固守“城池”，走出井底，了解外面的世界，获取更多信息和资源；也向外界宣传自己，为他人提供支持。近些年各高校、科研院所之间的协同创新就是最有效的“开放式”创新和发展。而开放的最终日的就是变革和创新。

大学生公民教育如何实现开放？

教育思想的开放。在开放性原则指引下，系统内部和外部信息、资源实现有效整合，打破传统的发展模式，不断形成新的发展思路。教师要把关注点从学生思想、学习成绩，转向学生现实生活、人生价值、自我个性、自我发展上来。

教育内容、方法的开放根据课堂学习和实践活动的需要及所实现目标的需要，紧密联系生活实际和社会发展的实际，多方面选择最适合学生发展、最联系实践、对学生今后的发展最不可或缺的内容，及时补充和调整原有内容。改变被动学习的方式方法，以探究、合作、渗透替代被动的灌输与接受，以收到“随风潜入夜，润物细无声”的效果（戴媛媛、颜素珍，2008）。

教育时空的开放。现代教育提倡的是终身教育，是一生一世不断学习、接受教育。过去学生的学习，大多集中在课堂上。而今，所有的时间都可以充分利用。课堂的教学，也提倡教师把时间更多地交还给学生，让他们有更多自主学习的机会。空间上的开放，一是传统意义上的利用教室以外的校园空间、校外的社会大空间，现在则把教室的空间放大，放到“全世界”。复旦大学、上海交通大学、吉林大学等高校先后加入各高校课程联盟，面向全球开放，学生可以随时随地学习平台的各门课程。以特殊的方式通过考核，其成绩被许多高校所认可，这就是“慕课”。课堂也可以向影视报刊等传媒延伸，向电子网络延伸。教室的空间也可以实行开放，桌椅可自由摆放，座位可做多种组合，以利于学生的交流与合作学习，促进他们的主动性和创造性的发挥与发展。

教育过程的开放。教育的根本目的是使学生学会认知、学会共处、学会做事、学会做人，而不是记住几个概念、回答几个问题。在探究和解决问题的过程中训练思维，发展能力，激发兴趣是根本。

课堂权利的开放。追求教育的民主化和个性化，教师给学生更多的主动权、自主权，尽可能减少对学生不必要的限制，让他们行使自己的权利——自主学习权、自我发展权、独立思考权。

教育评估的开放。改变以往单一的以考试、论文为主的教育绩效评估方式。在以考核实际教育效果为目标的前提下，实现评估体系的开放。一是把评估放在社会这个大课堂中，在实践中检验学生的成效；二是评估主体的开放，不是老师说了算，更不是一个老师说了算，而是学生的自评、互评，实习单位评价结合；三是评估形式开放，考察的不是“知道什么”而是“会做什么”，是开放性问题、没有唯一答案的问题；五是评估时间、内容的开放，不是一时一事，而是成长的全过程，长期的、多视角的、全方位的评估，动态性的评估。

资源的开放。高校的资源有限，优质资源更有限。但有限的资源如果充分利用，可以发挥更大的作用。如何对高校的发展进行科学规划，如何对现有资源进行重新统计、评估，建立资源库，是一个重要而急切的问题。有人说师资不足，但有的高校部分教师工作量达不到要求；有人认为实验经费紧张，却有的实验设备闲置，同时还存在资源浪费的情况。现在能做的，是将校内资源进行整合和开放。比如，可依据一定的条件和标准进行人员考评后，将暂时多余的师资或行政人员充实到其他岗位；有的可以“轮岗”进修；有的可校际间“交流”或对学生进行联合培养。仪器设备校内共享，实验室实行对外（包括校内外）开放，充分利用实验资源，也使实验人员的工作量饱满。真正发挥“大学城”或“教育园区”的作用，实现图书资料、师资、设备、教室等共有或共享。这对开阔学生的眼界，扩大学生的社会接触面、知识面都有很多好处。特别是，不用读重点高校，就能得到重点院校名师的教诲和指点。

二、渗透性

渗透性教育也称隐蔽性教育。是指遵循人的思想“综合影响”形成和“渐进发展”规律，融入各种教育因素及方式中，以循序渐进和潜移默化的状态进行，即让学生在不知不觉中接受教育。这种影响常常发挥出显性教育所不具备的能量。

渗透性教育具有以下特点：（1）隐蔽性——隐性教育一般不具备独立的形式，而是不显山、不露水地附着、隐含在其他媒介中，利用各种媒介，间接地传达主流价值和核心价值观，潜移默化影响大学生思想和心理。（2）非强制性——因为没有明确要求做什么、不做什么，学生没有抵触情绪，而且让学生学会自愿、自主的活动选择，将社会的要求转化成学生内在的观念和行为。（3）愉悦性——这种教育的方式灵活多样，活动形式丰富多彩，可充分调动学生的积极性、主动性和竞争意识，并体验成功的快乐、合作的快乐。

大学生公民教育的教学过程中的各要素——教师、学生、教学内容、教学媒体、教学环境等，都可以是“隐蔽课程”。如教学内容在承载、传递外显的知识、技能的同时，一定社会的社会观念、规范、价值观等都隐含在其中。

近年来，我国一些高校借鉴国外高校注重各科教学对公民教育的“载道作用”“渗透作用”的做法，开设了大量渗透公民教育的选修课程，如文学作品赏析、心理健康教育、生命观教育、野外生存课等，还有一些被学生称为“潮课”的选修课程，如“婚姻与爱情”“新女性必修课”“魔术课”，还有“哈利•波特与遗传学”“攀树课”等。研究者发现，将公民教育整合进其他社会学科是最受欢迎的模式。在“渗透”过程中，也对这些课程进行充实、改造，使其充满生命力。长期以来，我国高校的专业、课程设置虽然有一定的自主权，但，因各种“评估”“评奖”“排名”“考研”等因素的影响，要求选择“指定教材”“优秀教材”，教师很少能自行选择教学内容和方法，大学几乎是“千校一面”。公民教育呼唤高校有更多的办学自主权和办学特色，有自己的特色专业和专业特色，给学生更多的选择机会。这样就不会有所谓“潮课”一说了。公民教育与专业教育、其他学科教育的融合和向这些学科的渗透，还表现在教学方法的使用上。课堂上，教师不直接向学生提供现成的价值标准或道德模式，而是运用讨论、案例分析等方法，启发、引导大学生思考问题，提高学生道德认知、判断和选择能力。

渗透性教育的方法和途径很多。首先是大学校园环境氛围的熏陶。人与环境之间相互渗透，相互依赖。新生从一入学就在不知不觉中接受着校园环境氛围对其思想观念、生活习惯的影响。每所学校都应当有自己不同的校园文化——校徽、校训，还有校园里各式各样的标识标牌、文化橱窗、横幅标语等。有心人发现，这些字几乎清一色由电脑制作，不失美观、大方，但却少了灵性和个性。如果能像以前那样，由人“写”出这些文字，就能体现学校的文化特征、体现出汉字独特的魅力，以此感染学生，传达出中华民族文化的内涵，达到“以文化人”的效果（陕声详，2013）。因此，高校应为大学生营造一个积极进取、健康向上的校园环境。其次是教师的素养和人格示范作用。“教师无小节，处处是楷模。”教育者的专业素养固然重要，但更重要的还是教师人格的力量。国家和各级各类学校都对“师德”有明确的要求。我国从古至今，对教师职业道德的要求都非常明确。如《论语》中的“学而不厌”“诲人不倦”；朱熹的“博学”“审问”“慎思”“明辨”“笃行”等。“师德是为师之本。”“学高为师，身正为范。”教师应成为真正的“灵魂工程师”，而不是“教书匠”。

第四节　科学性与人文性融合

科学性是任何学科在教学中都必须遵循的重要原则之一。在全球化、国际化背景下，培养世界公民，大力加强公民教育的科学性就显得更为必要、更为迫切了。

人文性是时代的呼唤，是教育现代化的要求。21世纪是知识经济社会，将更重视人的发展。“人文关怀”着重体现出我国教育对人文科学的重视，对人文精神培养的重视和对人的尊重。

科学性与人文性的融合有科学的依据。第一，马克思主义对人的关心关怀本身已经形成了科学的理论体系；人本主义心理学、积极心理学中的以人为本、习得快乐等理念也经实验研究和思辨所证实。第二，人文科学是科学，也体现了人文。如语文“文以载道”，兼顾了人文性和工具性；历史是人类的知识与经验的整合，是现代公民表达自身愿望、追求自我发展的生动教材；音乐、美术是美育的最好内容和方式，可加强艺术修养，提高审美素养，协调身心发展。与自然科学相比，人文社会科学既是一种知识体系，也是一种价值体系。人文教育在传授人文社会科学知识的同时，也培养了大学生的人文精神，使之形成正确的世界观、人生观和价值观，进而提高大学生的公民素养。第三，自然科学也蕴含着丰富的人文内容。如数学、物理是人类摆脱愚昧、无知，通向智慧的重要知识力量。学者们在追求、关注着学科的理性和科学的真理过程中，以知识体系的构建、语言体系的确立、普遍价值的思想方法和理性范式的说明等方面彰显自然科学内在的审美价值、文化意蕴，散发着鲜活的、实在的、向善的人类文化精神气息（潘小明，2011），同样对大学生的人文素养有极高的价值。第四，是现代社会发展对人的要求，对教育的要求。无德不行，无才也不行，有德无才不行，有才无德更不行。科学与艺术是“一个硬币的两面”，人文则将两面联结在一起，缺少了人文，就会或无科学，或没艺术。科学性与人文性的融合，会使原本无所谓好与不好的科学技术，因为人而发挥其好的方面，如把“核能”用于发电而不是战争；“病毒”“细菌”“吗啡”用于医疗、康复而不是危害生命。如果说专业教育、科学技术提供了人的生存技能，教会人如何“做事”，那么人文教育则是使学生学会“如何做人”，如何处理好人与自然、人与社会、人与人之间的关系，如何形成科学的世界观、人生观、价值观，以积极的心态，良好的团队精神、沟通能力，实现人的全面发展。

全球化、国际化、多元化、多样化，为公民教育的改进提出了观察问题的新视角，也提供了更为广阔的实践场所。中华人民共和国的教育发展至今，有深刻的教训，但更多的是经验和收获。直至今天，虽然有中国特色的公民教育体系还未完全形成，但毕竟我们有了较坚实的基础，还有数千年文化的精髓、教育的精髓可继承和发展，有国际上成功的经验和先进的成果可学习和汲取。这些都为我们的大学生公民教育的科学性奠定了基础。

遵循科学性与人文性融合的原则，就要保证以下几点。教学内容的科学性：教材所体现的知识结构体系是科学的，教材对学科教学有科学性依据。师生课堂上的交流的科学性：表达的内容准确无误，阐述的规律符合逻辑。教学方法的科学性：注重对学生的启发，符合学生的认知规律。设置问题情境，启发教育主体积极思考，把学习的主动权交给学生。注意方法的情趣性，在教育教学中，以更直观、更形象的方式，激发学生的兴趣。

人文素养也是一种“文化素养”，包括语言文学修养、文学艺术修养、伦理道德修养、文明礼仪修养、历史和哲学修养等。“人文知识”是以语言符号的方式对人文世界的把握、体验、解释和表达，涵盖在哲学、历史、社会学、经济学、政治学、法学、伦理学、艺术、文学等各个学科、各门课程之中。人文知识与方法可以通过阶段性的学习、练习获得，但“人文精神”是以追求真善美等崇高价值为核心，以人的自由和全面发展为终极目的，需要较长时间方可养成。“人文行为”是人文精神、人文素养的外化，是一个人具体行动和实践的表现，体现了“素养”所包含的技巧与能力。人文社会科学在大学生公民教育，尤其在大学生人文素养中具有无可替代的地位和功能。早在 10 余年前，学者们就呼吁加强高校人文学科建设，促进人文社会科学繁荣发展。因此，人文素养是人才基础的基础，是大学生诸多素质当中最根本、最基础的素养，是人类发展中起决定性作用的品质。

科学性与人文性就是遵循教育的规律——培养人，就要“目中有人”。由于受“物化”教育的影响，长期以来，我们的教育出现了一些问题。比如，教育内容上专家式的课程设计；教育和评价方式方法上，能力知识化，知识记忆化，记忆分数化；课堂教学枯燥、呆板、单调；反馈与奖励不当；学生“习得无助”。王楠子现象说明，我们的教育体制存在着很大的隐患，忽视了学生的个性发展，忽略了学生的爱好和特长，埋没了学生的“天赋”。教育改革，首先是还原教育的本色——一切为了人，为了培养“真实的人”，发展人的道德、智力与创造力、生理素质、审美情趣与能力、劳动态度与技能，良好的社会适应性。为了人的教育应遵循人的成长和发展的规律——由低向高，循序渐进，连续不断、身体与心理，知情意行统一。

科学性与人文性的融合还体现在关心每个人、发展每个人。以往的教育有“为少数人”的倾向：在智育上，为了升学和考试，面向的是少数学习“尖子”，多数学生“陪读”；德育上，关注的还是少数学生，少数最“差”的学生，重点放在对他们的管束、防范；美育、体育更不必说，开展文体活动不是为了大多数学生陶冶性情，提升艺术修养和身体素质，而是为了在各种活动中获奖，于是，许多高校都招“特长生”。这样的教育既不科学也不人文。

第五节　灌输与接受结合

语言文化背景下的“灌输”千差万别。在英语中，灌输（imbue，instill）有浸染、渗透、浸渍、浸透、使充满、激发之意，可喻为“徐徐滴人，慢慢注入”。俄语的“灌输”可直译为“充实”——将流水引导到需要水分的地方。德语给“灌输”的界定是：吩咐、教导、转达、交付等意。汉语的“灌输”有输送、注入的含义。学校教育中的“灌输”是指“思想和知识的灌输、输送”。

人们对“灌输”有一种偏见，认为灌输是一种用强制的方式让对方接受的方法。灌输就是千篇一律、照本宣科，就是“填鸭式”的说教，就是“我说你听，我打你通，我压你服”的一种“强制性”的“单向注入”，就是脱离实际的夸夸其谈（王萍，2005）。其实，灌输只是一种理论，不是具体方法。马克思、列宁都有过这样的论述——科学社会主义不会自发产生，必须从外面灌输。我们党的宣传群众、发动群众，靠的也是灌输。灌输论是无产阶级政党进行思想政治教育的指导思想和原则，是我们赢得革命胜利的思想武器之一（王萍，2005）。课堂教学也需要“灌输”。从有教育那一天开始，灌输都是被普遍运用的。国外的课堂教学虽然比我国活跃得多，师生间常以对话的方式进行。但在理念上仍有灌输。特别是德育、价值观教育，更是仍然普遍使用（刘志超，2008）。“灌输”之所以被指责，是因为灌输不当，如强制性地要求学生死记硬背，按照“标准答案”通过考试才可以获得学分。强制性的教学，必然使学生产生抵触情绪。所以，应当为“灌输”正名！我们所反对的正是上述那种大家都反对的灌输，提倡的是晓之以理、动之以情，与对话、互动结合的，充满人性的、能引起学生内心共鸣的教授。注意把灌输和自我教育结合起来，通过自我教育使灌输的内容得以内化，通过正确的灌输，提高学生自我教育的能力。

教师，尤其是担任思想政治教育、心理健康教育或独立的公民教育类课程的教师，应研究灌输的新方法。灌输是带有一定的有强制性，在方式方法上应当格外注意调动学生的积极性，要深入浅出、循循善诱，以情晓理、情理共融，特别是给人以启迪，要“留白”——教师的讲授留有空白，学生的活动留有空白。德国心理学家蔡戈尼克做了一项实验：共有22项任务要完成。但其中的一半要他们坚持完成，另一半任务则中途叫停，没有完成。允许完成和不允许完成的任务的出现顺序是随机排列的。实验后，让被试立即回忆刚才的任务。结果，未完成的任务平均被回忆起68%，完成的任务平均被回忆起43%。这种对未完成任务的记忆比完成任务的记忆保持得更好的现象就称作“蔡戈尼克效应”。后来有不少人做过类似的实验，结论大同小异。为什么有“蔡戈尼克效应”？心理学的解释是：人有“完成”的欲望，一旦满足，便不会再去关注；而受完成欲的驱使，没有完成的任务总是萦绕心头，挥之不去，印象较深刻。教学中不妨借助于这个效应，留下“悬念”，让学生自己思考，得出结论。也要主要防止两个极端：“强迫完成”，欲望过强，偏执，明知做不到，偏偏硬撑，导致紧张过度，心胸狭窄，任务还是无法完成。“放任自流”，没有什么欲望，得过且过，半途而废。“适度”最好，适度才能在事业有成的同时享受人生的乐趣。

接受学习是指学生在教师的引导下，学习前人创造和积累起来的知识经验，并将其纳入自己的知识体系中的过程。内化过程既可能是学生被动、机械地接受和记住现成知识的过程，也可以是学生积极、主动重建经验结构的过程。不理解学习材料的意义，不求甚解，

“鹦鹉学舌”地机械模仿，此为“机械性接受学习”；缺乏学习动机、没有学习兴趣，只是按照教师的要求被动地掌握知识，这是“被动接受学习”；主动、自觉地将知识整合和内化，使之成为自己认知结构中的一部分，并不断地接受知识，发现问题、解决问题，这就是美国教育心理学家奥苏贝尔所提倡的“有意义的接受学习”，也是积极心理学、积极教育所倡导的学习。这种接受学习，学生可以从中发展智力，感受愉悦。

学生对知识的接受，依赖于他自身的知识、经验，小孩子的学习不可能是接受学习。为了提高学生的接受学习的能力，为了有助于学生更好地接受学习，教师的启发、学生的积极思考、师生之间的互动、生生之间的合作学习都很重要。

无论哪一类课程，均应营造一个民主、平等、开放的氛围，引导学生积极主动参与，让学生在“问题”情境中学会思考，掌握分析问题、解决问题的能力，理性决策的能力。

人民教育家陶行知先生在担任一所学校的校长时，看到一位男学生要用泥块砸另外一位学生，便立即上前制止，并叫他放学后到校长办公室。当陶行知回到办公室时，那个犯错误的学生已经在等他了。陶行知掏出一颗糖对这位同学说：“这是奖励你的，因为你比我先到办公室。”学生很惊讶。接着他又掏出一颗糖，说：“这也是给你的，我制止你的行为，你立即住手了，说明你很懂得尊重。”那个学生将信将疑接过了第二颗糖，想不到的是，陶行知说：“我调查过了，你砸那个同学是因为他欺负女生，说明你很有正义感，为了你的正直善良和勇气，我再奖励你一颗糖。”这时，男孩感动得哭了，说：“校长，我错了，同学再不对，我也不该这样做呀！”陶行知非常高兴，他又掏出一颗糖说：“你已认错了，我再奖励你一块。我的糖发完了，我们的谈话也结束了。”这是一个典型的隐喻式教育的案例，表现出教育者的教育智慧、教育艺术，更是对教育的热爱，对学生的关怀。

大学生对思想政治教育类的课程有抵触的原因很多，其中主要是教学的内容、学生不符合时代的要求，不符合学生的思想实际。为了根本上改革思政课的教学，华中科技大学在教学模式和方法上进行了非常有益的尝试，把教师主讲的授课模式改变为多形式、全方位的互动教学方式。教师之间的互动——通过一个平台，实现在教学案例、视频等资料和教学方法上的共享；还有学生间互动、师生间互动、课堂内互动、课堂内外互动百花齐放。课堂不再是一个人的“独角戏”，而是“大家讲堂”；由一个人的积极性，变成众人的积极性；由“知识的课堂”变为“思想的殿堂”。把时间和空间交给学生，问题可以由学生提出，学生讨论解决，也可以是社会的焦点问题、热点问题，与社会生活实际结合，与学生的实际结合，大大提高了大学生的学习热情。

第六章　公民教育措施与方式

第一节　自我教育

一、自我教育的意义

自我教育（self-education）是大学生心理发展中一个非常重要的环节。自我教育促进了个体对自己认识，对他人、对社会、对人与人关系的认知，增强了个体自主管理能力。自我教育也是大学生自我修养和公民素养上自觉能动的表现。

联合国教科文组织二十一世纪教育委员会，在其纲领性文件《学会生存——教育世界的今天和明天》中明确指出：未来的学校必须把教育的对象变成自己教育自己的主体，受教育的人必须成为教育他自己的人，别人的教育必须成为这个人自己的教育。现代文盲不是过去意义上的文盲——不识字，而是不会学习，只能被动地获得知识，即“功能型文盲”。

在教育问题上，家长、老师都希望有手中有一支神奇的“马良之笔”。如果说，真有什么解决问题的“灵丹妙药”的话，那就是实现孩子的“自我教育”。“真正的教育是自我教育。”（苏霍姆林斯基）教育的最高境界是“不教而教”，是使学生自觉、主动的进行创造性的学习和发展，是培养养学生良好的品行习惯，提高学生的自我教育能力，实现“教是为了不教”（陶行知）“管是为了不管”的目的。

1. 促进大学生身心健康发展

实施大学生公民教育中的自我教育，是大学生身心健康发展的需要。教育与自我教育是统一的过程。自我教育是教育的结果（通过教育，学生有了自我教育的能力，在教育的一定阶段可实施自我教育），又是进一步教育的条件和内动力。积极心理学认为，每个人都有自我发展的愿望和可能性，而且具备自身发展的天赋能力。大学生处于青年初期，认知能力、情感和人格的发展日趋完善，人生观、价值观初步形成和稳定发展。他们能把思维本身作为意识的对象，不断地对其进行积极主动的监控和调节，标志着思维发展趋于成熟。他们还有意识地通过日记、微博、微信等方式倾诉自己的内心活动，描绘自我的情绪、情感体验，评价自己的个性特征和行为表现，以此提高自我认识水平，并通过各种学习方式寻求对自我特征和表现的解释。这些为自我教育提供了重要的心理基础。但另一方面，他们还面临着自我同一性的确立和防止社会角色的混乱。只有通过自我教育，自我探索、才能促进大学生心理的进一步成熟，解决发展中的矛盾。如果过多地关注外部灌输，忽视了学生的自我教育、自我管理过程，就限制了学生自我教育能力的发展和在自我成长中体验到的快乐。

2. 顺应时代的发展趋势

大学生的明天会有大量新问题需要他们自己去面对，自己去解决。以往的教育，成人对孩子“管”得过多、过滥：家长是孩子的全职看护、保姆、保镖、秘书等。衣服有人洗、房间有人扫、学习有人管、作业有人查、书包有人背——孩子的一切都有人打点，根本不知道哪些是他该做的、能做的。据邮政部门反映，近年来高校的快递业务有很大一部分来自于学生将脏衣寄给父母，父母再将洗干净的衣服寄回。有些大学生花钱雇人为其打扫房间、一些高校要求物业“进宿舍”为学生整理内务。父母、学校或许以为这就是“爱”，就是“服务到位”。殊不知，等到大学生必须自立之时，他们什么都不会做，什么都做不了，会不会反过来埋怨父母、怪罪学校？试想，一屋不扫，何以“扫”天下？一衣不洗，何以为社会、环境的美好尽义务？与其埋怨、指责孩子不明事理、不懂感恩，不讲孝道，不如检讨一下自己——我们是否教给了孩子这些良好品质？

事实证明，被“圈养”的孩子，自我约束、自我管理的能力很差。全靠别人来“管”，否则就可能出问题。很多“好学生”，他们的成绩很好，可解决实际问题的能力却不强。一旦离开家长、老师的指导，遇到新情况、新问题，这些孩子就茫然不知所措。如果到了大学仍然如此，他们什么时候才能长大？如何在社会上立足？如何让他们不“啃老”？

自我教育可提高大学生的创造能力，使他们学会独立思考、创造性地提出问题和解决问题，随时根据情况的变化作出自己的抉择。这也是当代公民素养的要求。所以，自我教育是顺应时代潮流，通向学习化社会的必由之路。

二、自我教育的途径和方法

积极心理学把人的生命系统当作一个开放的、自我决定的系统，既有潜在的自我内心冲突，也有潜在的自我完善能力。积极心理学主张在大学生自我教育活动中，充分尊重人性，强调大学生的积极体验，使他们能够自主地开展自我教育。自我教育的具体方法和途径很多。主要有：（1）自我反思：“吾日三省吾身。”以各种方式反思自己的言行、得失，提高自己的自觉性、主动性和自制力，进而达到“从心所欲不逾矩”的理想境地，真正实现自尊、自强、自律、自立。美国公民教育目前流行一种方法——“反思探究法”。强调在教学过程调动学生思维的积极性，对一些社会敏感问题、热点问题，运用批判性思维进行反思探究和深入分析，以此训练学生价值分析和决策的技能。（2）自我激励：激励动机是自我教育的动力。激发自我教育动机，把社会需要的正确的道德准则和行为规范要求转化为自己主动地接受教育的精神需要。如目标激励——“志于道”。确定人生目标，不断地对照目标，矫正行为，坚持不懈地为实现自我教育、自我成长的最终目标不断努力。感恩激励——常常回想在自己成长过程中所承受的自然、社会、他人的恩惠，点亮心中友善的灯，照亮自己，也照亮他人。这种做法可使学生学会感恩，懂得回报，学会如何回报。从而“择善而固执之”。榜样激励——“见贤思齐焉，见不贤而内自省也”。暗示激励——“我能行”。记下自己的每一次成功，无论是大是小，给自己自信和力量。悦纳自己、欣赏自己。（3）自我调适：不断地根据不同情境调整学习过程，并在此基础上不断地产生新的阶段性学习目标；遇到问题，全面地分析，合理归因，理性思考，科学决策。掌握基本的情绪调节技术，缓解压力，体验成功和快乐。（4）自我负责：从某种程度上说，对自己负责是对他人负责、为社会负责的表现。一个不懂得对自己负责的人、不会对自己负责的人，是不可能为他人、为社会负责的。学生为自己负责，首先要珍惜生命，自尊、自爱、自主、自控。不断丰富自己的内心世界。在此基础上，学会对他人负责：尊重他人、敬老爱幼、团结互助，不侵犯他人的合法权益。学会对家庭负责：尊重父母；理解、体贴长辈；今后要依法履行对家庭的一切义务和责任。学会对集体负责：增强集体观念，参加集体活动，学会合作。学会对国家和社会负责：遵纪守法，恪守公德，文明举止，维护国家稳定。

三、对大学生自我教育的指导

一是提供自我教育条件，把学习的主动权还给学生。要有学习时间上的保证、学习形式上的落实、学习考核上的检查。逐渐形成一种常态，一种习惯。二是受教育者先受教育。教育过程中，教育者和受教育者的角色是互换的，每个人都是教育者，但首先是受教育者。教师应成为反思型教师，反思自己的教学目的、手段，进一步改进课堂教学乃至整个教育过程。三是常以暗示的方式提醒。人是需要提醒的，这符合人的心理特点。国际组织、各个国家订立了许多纪念日，也保留了许多传统节日。像世界地球日（4 月 22 日）、世界环境日（6 月 5 日）等，增强人类的忧患意识和环境意识。我国的国庆纪念日（10 月 1 日），还有教师节、端午节、中秋节等，都是对人的一种“提醒”。“前事不忘，后事之师！”还可以警句名言的方式，既重温了先辈对人生真谛的领悟，掌握了人类智慧的结晶，也导引了人生方向。提倡大学生的自我教育，绝不意味着教师可以放任不管。从某种意义上看，教师的责任更大，对教师的教育艺术的要求更高。在教育实践中，要不断地以适合大学生特点的自我教育形式，如自学辅导、经验交流、参观调查、答疑解惑，以及演讲比赛、知识竞赛、学生充当教师等，提高教育效果，锻炼学生能力，也提升教师的自我修养。

还要培养和提高大学生的自我管理能力、自我承担能力。“父母能为你提供天空，但提供不了腾飞的翅膀。”“学会选择，并对选择的后果负责。”这是《管好自己就能飞》中作者提出的自我管理的观点。作者只有 18 岁，他以自己的经历和切实感受，讲述了自己如何从被管束到自我管理中的点点滴滴。他想告诉同龄人，学会管理自己的学习、生活和心灵，就能对自己的成长真正负责。这在中小学生中产生极大反响，许多人也想学会自我管理，享受成长的甜蜜。该书的作者还提出培养自己的“钝感力”。太过敏感不见得是好事。面对纷杂的、充满诱惑的世界，太过敏感只会自寻烦恼。要保持心灵的一份宁静，并学会享受这种宁静，放松自己的身心，细细体味人生的快乐和幸福。这本书也引发教育者的思考，中学生到底能不能自我管理？是否应当培养他们的自我管理能力？如果结论是肯定，那么，大学生是不是更需要自我管理？

自我承担能力是指公民有能力自主选择，自觉承担并忠实地履行自己的职责。但这种能力不是天生的，是在外界的要求之下，在一个可自由选择的环境中逐渐形成的。大学生应当学会自主选择，并为自己的选择负责，为社会负责。要求教育从“教会顺从”向“教会选择”转变。可采取“价值澄清”的方式。价值澄清是一种理念，也是一种方法，其基本原理是：道德或价值观不是靠教育获得的，而是经过自由选择、反省和行动澄清出来的。价值澄清是引导深入思考价值观，通过价值澄清，使价值观清晰巩固，并指引自己的选择和行为，进而促进个人自我教育能力的养成。生活在纷繁复杂社会时常面临着选择。从理论上讲，人们是依据已有的价值观作出这样那样的选择。但实际情况是，人们常常并不清楚所依据的价值观是什么就已经作出了选择。因此，学校教育要创造条件，利用一些特别的途径和方法，鼓励学生在情感的基础上负有责任地判断是非、更新思想观点、选择价值取向并自主行动。帮助大学生澄清他们选择时所依据的内心价值观，使他们今后的选择尽可能正确。

对大学生合理、有效利用新媒体的指导。新媒体以现代技术设备为载体，为人们提供了一个便捷、丰富、多元的信息平台。相对于传统媒体，新媒体所提供的信息数量增多、速度加快，使用者参与传播的自由度增大、自主性增强，人们可根据自己的需求选择信息并作出积极回应。在一定程度上，满足了人们参与、交互、平等的需要。因此备受大学生群体的欢迎。如今，QQ、博客、微博、微信……各种信息共享平台和交互平台风起云涌，迅速成为大学生信息获取的渠道。网络作为工具的特性给社会化过程中的知识学习和技能培养也设置了许多障碍。首先，网络的容量大、速度快，信息过度泛滥，大学生不具备与成人一样的选择能力，会浪费大量时间搜寻信息而降低学习效率；他们比成年人脆弱，大量的信息更容易发生心理异常，如诱发“信息过量症”（表现为暴躁易怒和自我虐待）、或成为除网络以外对所有事物失去热情的“数字化人”。

在飞速发展的现代社会，各种信息、各种传递信息的形式层出不穷，令人们应接不暇。今天的世界还是一个自媒体时代（Era of We Media）。自媒体是以个人传播为主的媒介方式，人人手中都有麦克风，每个人都是信息传播源。通过微博、论坛、贴吧、博客等现代网络传播方式，发表个人的意见、抒发个人的情感。但自媒体时代的意见表达，也可能成为个人发泄怨愤、引发群体事件的工具。应当指导大学生在合理地使用各种媒体的同时，有法律意识、责任意识，学会对信息的甄别、筛选，学会如何使个人信息安全、个人的权益不受侵犯，也要规范自己的行为，与在现实中一样，遵纪守法。能合理使用和利用新媒体，一定有助于大学生自觉规范自己的行为，提高自我教育的能力。

大学生公民教育，也可以借助各种媒介，如报刊、影视、广播、网络等载体，营造全新的教育空间和教育氛围，提高公民教育的实效性。但媒体之所以对大学生有如此之大的作用，一定有许多我们的教育所不及的地方。如亲和的姿态、迷人的微笑、“寓教于乐”的方式，还有对受众主体的生存状况、历史境遇的关注，对其尊严、价值的肯定。这些都可以借鉴。只要学校教育也能像媒体一样，以何种方式传播何种信息，都充分考虑受众的发展、受众的所思所想，就能使传媒保持生命力，使教育保持生命力。

第二节　实践与参与

一、实践与参与的意义

公民教育是一种养成教育，只靠灌输、说教不可能奏效。如公德意识蕴涵着独特的情感、责任和价值，仅靠理论宣教师说教和课堂灌输，很难使大学生理解和接受。应注重学生的实践。“实践出真知。”“实践是检验真理的唯一标准。”这些耳熟能详的语句越来越在教育实践中得到验证。

心理学的研究指出，知识的掌握、技能的形成，除了从课堂上、书本里和他人的传授中获得外，更主要的是实践。通过实践，将书面知识、间接知识变成活生生的、积极的知识。

社会实践使大学生所学知识、技能有了“用武之地”，并不断拓展和学以致用。各种社会实践活动，弥补了课堂教学、理论学习的不足。大学生参与社会实践活动涉及的领域多、专业性强。比如，志愿者活动，一方面，大学生根据自身的兴趣和特点，选择适合自己的志愿组织和服务领域，运用所学知识为他人提供服务，如“科技扶贫”“西部计划”“情感支持与心理疏导”“援外志愿服务行动”等；另一方面，工作中不断地独立探索、相互借鉴和学习，使知识更加巩固、完善和拓展，思维更加开阔、敏捷、变通，大大提高了创造性地运用知识解决实际问题的能力。不仅如此，在各种各样的活动中，大学生都必须“亲力亲为”，而且创造性地应对遇到的各种问题。如扶贫中，把一些技能手把手地教给需要帮助的人，针对对方的需求和特点包教包会；奥运会、世博会期间，不停地在活动场地内外奔忙，与不同的人进行沟通和提供帮助。在此期间，志愿者的动手能力，领悟事物、感悟生活的能力不断提高，潜在的创造热情和创造能力得到挖掘和提高。在交往与服务中，人际交往能力、适应能力、处事能力、应变能力等都会得到很大的提高。

公民教育重在参与。参与学习是学校公民教育的重要方法之一，是组织引导学生积极参加多种社会实践活动，从中丰富公民情感体验，提高公民能力。公民教育的理论和实践也在不断探索“公民参与”“参与式学习”和“服务式学习”等公民教育模式，通过倡导参与型公民教育来不断矫正公民教育的“疏离”倾向（叶飞，2011）。如果只是“隔岸观火”，就永远是个旁观者、永远没有责任感、没有做事的能力。

参与活动和接触了解对形成和改变一个人的态度有显著作用。让大学生参与自身事物的管理，有利于把德育渗透到学生的日常生活中，推进公民教育的生活化与情境化，使大学生能够分享某种共同的生活，分享某种感受和体验。

选举是公民最重要的政治参与行为，参加选举是每个公民的权利和义务，选举行为是公民政治素质的重要表现，政治参与意识决定了公民参与选举的态度和行为。然而，调查中发现，大学生参与选举的情况很不乐观。报告说“有去参加所在地区人民代表的选举”的大学生不足 20%；参与校园管理是大学生的义务，也是大学生的权利。他们对此也有强烈的参与意识和要求，86% 以上的学生认为“学校在制定校规校纪时有必要让学生参加”，但却反映“学生参与管理程度”不高。大学生的参与权，应当还给他们。

二、实践与参与形式和内容

大学生的实践和参与的活动形式多样、丰富多彩，包括以下常见的几种。

（1）举办各种学术讲座和学术报告会，组织充满生活气息、大学生喜闻乐见的校园文化活动，如知识（时事、常识）竞赛、征文、演讲、观影活动、影视作品评论、名著阅读、工艺美术展览、戏剧表演、文艺会演等；倡导、传播学校追求的目标和价值，影响学生的认知、情感和行为。定期或不定期邀请国内外、校内外知名专家学者做学术报告、时事政治解读等，最好能与大学生进行即时的交流与对话，开阔学生的眼界，扩展学生的思路。

（2）开展形式多样、内容丰富的课外活动。如思想政治类、文明教育类、科技文化类、职业技能类、文娱体育类、心理教育类的活动，以感受体验、游戏娱乐、行为操练、模拟操作、信息交流、自我展示、选择辨析、讲演辩论、运筹对策、读书会、文化沙龙、外语角、新闻角、主题班会、民主对话等形式，激发学生探索问题的兴趣，提高他们发现问题、提出问题、解决问题的信心和能力。通过开展主题鲜明、意义深刻的主题党（团）日设计和主题班会，数量繁多、五花八门的社团活动，以及心理咨询、生活指导等进行公民教育，培养学生的社交能力、合作精神，自立、自信、开朗的人格品质和热爱生活、乐观向上的生活态度。

（3）通过校庆、国庆、传统节日、纪念日等节日庆典和入学典礼、毕业仪式等全校性活动，以及有重大影响的活动和一些特殊事件，如奥运会、世博会、救灾援助等培养学生爱校爱国的精神。这是各国较通行的做法，如澳大利亚在“红玫瑰日”、世界环境日等某些特殊的纪念日，让学生自己组织各项活动，从中学习公民知识，养成公民价值观，培养公民技能。

（4）鼓励大学生成立自己的社团组织，如志愿者社团、社会服务社团，以及基于共同的目标、共同的兴趣的各种公共组织，实行民主决策、共同管理。通过党团社团活动、班级和宿舍活动，竞选学生干部、参与校园民主管理等，自主培育学生的公民自治、公民组织和公民行动能力，形成学生更为完善的公民品质。

（5）鼓励学生走出校门，参与到自己所生活的社区或者周边社区的各种社会实践活动中去。如结合课程学习、科学研究做社会调查；参加某种形式的社区服务（照顾老人、病人，帮助辅导放学后独自在家的小学生的学习，协助社区组织各种活动等）以履行自己作为公民的义务；参加志愿服务；勤工俭学；利用假期、黄金周、法定节假日等，开展“科学知识三下乡”“四进社区”“社会援助”“义务讲解”“保护生态活动”“帮困扶助”“为家乡做一件事”等。通过社会调查、社会参与，大学生更加了解社会、了解国情，更加热爱家乡、热爱祖国；更加充分地理解了自身的公民权利和公民责任，接受实践锻炼，丰富自己的职业阅历，提高服务意识、责任意识、使命感、敬业精神；把远大的理想同时代的发展要求统一起来。在实践中学会了思考，在思考和解决社区、社会公共问题中成长为真正的公民，也为社区、社会公共事业的发展作出应有的贡献。

（6）组织学生参与各种形式的劳动。南昌大学推行学生宿舍自主保洁试点，辞退保洁员，学生自己管自己。要求参与试点的学院的每一位学生都要参与，无论他们的家境如何。为的是让学生有机会体验生活，享受劳动的苦与乐。这样做，不是为了学校减少开支，而是历练学生的综合素质。在保证安全和不影响学习的情况下，学生自我服务、自我管理。结果出乎意料的好。学生主动将垃圾带下楼，丢到垃圾桶里，过道、厕所脏了，会有人主动打扫干净。值日的学生更不必说，都很负责任地做好清洁工作。看来，稍加引导，有一种氛围，大学生自我教育、自我管理的意识和能力会有极大提高。

此外，读书也是一种实践和参与。每年的 4 月，是全民读书月。人们总有感叹，书越来越多，读的书倒是越来越少。传统中的“书中自有黄金屋，书中自有颜如玉”，在现代社会已经不再是“真理”。虽然现在可以做到“腹有诗书气自华”，但想通过读书、上大学来改变自己的命运，很难。不能再期盼受到良好的教育，便可以得到一份体面的、高收入的工作；多读几本书就能成为“文化人”。教育的功能开始回归到“人”，读书也应还其本然——陶冶人、愉悦人。如今的“后现代阅读”，改变了传统的阅读方式，纸质图书几乎退出人们的视野，取而代之的是移动阅读、检索性阅读、点播性阅读和消遣性阅读，实现了向大众“悦”读的转变，逐步满足了阅读者对阅读的娱乐化、个性化、多样化的需求。

自古以来，中华民族就是一个喜欢读书、崇尚学问的民族。近年来，常常看到有关我国公民阅读方面的负面报道。我国公民的阅读情况究竟如何？根据 2013 年 4 月 19 日的调查结果，2012 年我国国民图书阅读量较上一年提升了一个百分点。对传统纸质图书的购买，虽然增幅不大，但在数字化阅读迅猛发展的形势下依然保持增长的势头。

为什么要读书？读书能开阔眼、提升个人修养；有助于个人的生存和发展；品味情感、拓展思想维度，得到“愉悦”的感受。嗜书如命的著名作家蒋子龙的读书体会是：人的一生至少要读三类书——经典名著、专业书籍、个人喜欢的书。读名著使人获得人文精神、文学营养和文化根脉；专业书籍提升人的能力，并助益社会；自己喜欢的书则是一种精神享受，从中得到快乐和满足。

年轻人读书少，对名著、经典兴趣不大，一是不了解那段历史，看不懂；二是不知其价值，认为没有意义；三是没有时间，或没有形成习惯。学校、社会形成一种读书的氛围，出版更多更好的图书，是使人多读书、读好书的条件和保障。对读书的指导也很重要，针对大学生历史知识相对贫乏、不会读书的现状，可通过开设“通识”课程，举办各种读书活动等方式，加以引导和指导。现代社会的快节奏，使得人们没有更多的时间进行集中阅读，纸质图书的阅读也在减少，但是，利用时间进行“碎片式”阅读，同样可以积少成多，开阔读者的眼界，增进读者的知识和见识，提升读者素养。这是对读书现状的积极看法和积极的指引。

第三节　志愿服务

一、志愿服务的意义

志愿服务是指志愿参与，在服务中将自己的时间、知识、经验、技能无偿地奉献给他人、社会的各种活动。志愿从事这些活动的人，被称为志愿者或义工（姜德辉、王庆波，2013）。志愿服务是“公众参与社会生活的一种重要的方式”，是“个人生命价值、社会、人类和人生观的一种积极态度”。志愿服务蕴含着极为丰富的公民教育资源，在提高公民的道德认识、丰富公民的道德情感、强化公民的道德责任和增强公民的道德能力等方面具有突出的作用。以志愿服务为载体对大学生实施公民意识教育，是公民教育的重要延伸和补充。在提高公民意识、激发公民的爱国热情、提高公民参与社会的能力和帮助公民实现人生价值方面有着极其重要的作用。

现代意义上志愿服务起源于 19 世纪西方国家宗教性的慈善服务，在世界上已经存在和发展了 100 多年。志愿者组织及其运动在世界众多国家都很普遍。如奥运会青年志愿者的历史久远，人数众多，人员分布广。1896 年的第 1 届现代奥运会，就有 900 多名青年志愿者提供服务。20 世纪 80 年代以后，奥运会青年志愿者活动被正式纳入到奥组委的工作计划之中，成为举办奥运会的重要组成部分。受到奥林匹克运动“更高、更快、更强”精神的激励，越来越多的人加入到奥运会志愿者队伍中来。2008 年的北京奥运会、残奥会，志愿者达 170 余万人。志愿者的热情和微笑，成为北京“最好的名片”。

欧美国家的志愿服务工作源远流长。许多国家的公民已经把志愿服务当自己学习、工作、生活中很不可或缺的重要组成一部分。美国的志愿者组织数量之多，人数之众，堪称世界第一。早在 20 世纪 90 年代初期，各种志愿者组织总数达到 100 万个以上。美国也因此被称之“社团组织的国度”（association land）和参与者的国度。近年来，有着悠久历史的美国社区志愿服务得到政府和整个社会的重视和法律的保障。每年参加各种形式的志愿服务活动达到数千万人，其中学生志愿者人数在1500万以上。联合国组织将2001年命名为“国际志愿者年”后，志愿服务在世界许多国家和地区蓬勃发展。

1. 志愿服务是中华民族精神的体现

中华民族传统文化中“尊老爱幼”“助人为乐”“公而忘私”“一方有难，八方支援”等，无不体现志愿者精神。我国的志愿服务始于20世纪60年代，主题是：学雷锋，做好事。20世纪的80年代，我国引入现代意义的志愿者概念。“青年志愿者行动”从20世纪90年代开始，已经走过了20多年的历程。如今，志愿服务如雨后春笋般地在中国遍地开花。青年志愿者的行动以“团结友爱、助人为乐、见义勇为、无私奉献”为宗旨，为社会做了大量实质性的工作，赢得了社会的广泛认同和好评。2008年，接连不断出现的雪灾、地震，以及在北京举行的奥运会，我国志愿者服务出现前所未有的高潮。一些不太了解我国志愿服务历史的人甚至把2008年称作“中国公民元年”。中国青年志愿协会把志愿精神定义为“奉献、友爱、互助、进步”四个方面。

习近平总书记于2013年12月5日在给华中农业大学“本禹志愿服务队”的回信中肯定他们在服务他人、奉献社会中取得的成绩和进步，勉励他们弘扬志愿精神，为实现中华民族伟大复兴的中国梦作出新的更大贡献，并向这支志愿服务队和全国广大青年志愿者致以诚挚问候和崇高敬意。

其实，大学生志愿服务在21世纪初期就广泛开展。2003年，由团中央、教育部、财政部、人力资源与社会保障部共同组织的大学生志愿服务西部计划，每年都有一大批大学生自愿报名到新疆开展1～3年的志愿服务。10年间，已经有6700多名优秀学子先后服务于新疆的教育、医药卫生、法律、农业等领域。有近2000名大学生志愿服务期满后选择了留下。这支“不走的援疆队”，以这样的方式，表达了对祖国需要的理解和奉献，折射出新一代大学生的价值追求。

2. 志愿服务强化了大学生的角色认同和主体意识

志愿服务具有服务的志愿性、公益性、纯洁性、自治性等特征。志愿者出于志愿奉献和利他目的自愿加入和自由退出；志愿者的行为准则、精神动力是利他主义和互助主义。驱动他们参与社会服务活动的内在力量不是利润，也不是权力诱惑，而是一种强烈的爱、同情和对正义的追求。志愿者、志愿组织所关注的焦点主要是被主流社会所难以顾及的一些重大社会问题，例如人口、贫困、医疗卫生、残疾人以及人道主义救援和人权等，它服务的对象大多是一些弱势群体，希望他们能机会均等地参与社会的发展并公平地分享社会发展的成果，从而使他们达到物质和精神上富有的生活境地，这是志愿组织执着追求的价值目标，也是志愿组织的活动宗旨和使命。特别是在某些市场失灵或政府失灵的领域，志愿服务可做“填补”和“纠偏”，有助于缓解由于社会群体分化带来的利益冲突，并使志愿服务的“公益性”得以充分体现。所谓纯洁性，一是指志愿服务本身不求名利，不图物质上的回报；二是指志愿服务奉献的主要是时间和精力，一般不直接付出金钱和物质，这一点与慈善事业、捐助行为不同。但志愿服务并非只有“付出”，他们在服务中体味人生、体现价值、收获幸福，在付出的基础上获得精神的满足和能力的提升。在志愿者行动中，大学生可以自主设计、自主安排、自主评价，这是养成公民责任意识和能力不可或缺的重要因素。

通过超越职业需求和利益关系的志愿服务，可使大学生体验到自身对他人和社会的价值，提高大学生的角色认同和主体意识。大学生的责任意识往往是在志愿服务，尤其是救灾和社会援助中形成的。无论是“非典”时期的卫生防疫，还是“5・12”汶川大地震、舟曲地震……灾害面前，大学生意识到“国家兴亡，匹夫有责”“一方有难，八方支援”的责任和义务。意识到救助不仅是对他人生命与财产的尽责，也是对国家对社会的尽责，更是对自己未来的尽责。“危难之中见真情”，危难唤醒了人们的社会责任感，重大事件（奥运会、世博会等），激发了人们，特别是青年人的公民意识和公共精神。在一个个舞台上，“鸟巢一代”“小白菜”“绿羊羊”们锻炼了自己，从高水平、高要求的“巅峰体验”中进一步学习和感悟了“志愿精神”。

3. 志愿服务使大学生开阔了视野、培养了公民能力，促进大学生自我成长

志愿服务丰富了大学生的社会阅历志愿服务几乎涵盖了社会各个领域的活动，大学生志愿者走出学校的小天地，来到社会大环境，参加“贫困帮扶”“公益参与”“社情民意调查”“科技服务”等活动，他们有更多的机会了解社会、了解国情民生、了解不同领域中的人与事，这对阅历不深的大学生而言，是一种很好的实践和锻炼。他们在付出时间、精力去帮助他人和社会，促进不同文化、地区和群体之间的融合的同时，也在服务中接触到不同文化背景、不同年龄层次的服务对象和志愿人员，以及志愿活动的组织者等，彼此之间相互了解，资源共享，友好往来，相互借鉴和补充，吸收了各种优秀的地方文化、他人良好的品质，并从中的学会了学习、学会了思考，学会了共处，提高了自己的协调、管理能力。

通过志愿服务，扩大了学生对社会的接触范围和了解，既可为社会提供直接服务，为社会的发展作出贡献，也可培养学生的劳动观点、劳动习惯以及自立自强精神、艰苦奋斗精神，树立珍惜劳动成果、尊重劳动人民的思想，形成爱校爱集体，以及关心祖国、关心社会、服务他人的良好风气。在活动中将知识用于实践，增强了学习实效，提高了服务社会的能力。

志愿服务拓展了大学生的知识和能力志愿服务使大学生志愿者学习到服务理念、专业技能、沟通技巧等知识，有效地提高了个人的综合技能。志愿服务给社会成员之间的相互交往提供了很好的机会，减少了人与人之间的隔阂和疏远感，增进了彼此的信任、友爱和互助。与此同时“亲力亲为”的志愿服务，激发了大学生的潜能，毫无疑问，他们的实践能力得到极大锻炼与提升，为今后参与社会和服务社会奠定基础。公民能力是指公民履行社会权利和义务的能力。大学生参与的各种志愿服务，大多需要经过报名、培训、筛选等

环节。那些具有良好素养和能力，可胜任工作的大学生方可参加志愿服务。许多大学生为了有机会参与活动而不断地充实自己，提升自己的素养和能力。而现代志愿服务所的提倡“助人自助”理念，也使大学生在服务他人、服务社会的同时，开阔了视野、提升了公民能力。

志愿服务培养了大学生的全球意识与国际主义精神全球化的到来，“公民”已不再局限于一个国家。而是同属于两个共同体：国家和全人类。公民要了解世界上不同的人种、文明与风俗习惯，正确认识不同民族的不同文化，并在对其他国度、少数民族、社会边缘团体形成同情和理解，养成世界大同的人类普遍精神与共通德行。各国在发展上的趋同和一致性的增多，要求一国公民必须具有面向世界的观念和相应的眼界与能力，克服民族公民身份可能带来的狭隘排外的心态和行为。全球意识必然成为公民意识的新内容和新要求。当代志愿服务国际交流和合作不断加强，内容越来越丰富。我国自 2002 年 5 月起，实施青年志愿者海外服务计划，在全国范围公开招募志愿者赴发展中国家开展农业技术、医疗卫生、信息技术、文化发展，以及语言（汉语、英语等）教学和计算机培训等志愿服务。2009 年，北京工业大学开始选拔志愿者赴德国开展国际志愿服务工作，一方面，帮助学生开阔国际视野，真切了解异国文化和民族风情，增长见识，提高对外交往能力，成为一支具有国际视野的志愿者队伍；另一方面，通过国际志愿者的工作，开展“民间外交”，把国际社会当作展示中国文化、展现当代中国大学生良好风貌和优良素质的舞台。

志愿服务带给大学生志愿者快乐与满足。现在的青年人，在追求物质生活的安定、享受以及个人幸福和欲望的满足的同时，也把奉献他人、奉献社会作为自己的人生乐趣与挑战。他们从事没有任何报酬志愿服务，为的就是尽一个公民责无旁贷的社会义务。大学生志愿者在服务他人的同时，收获了快乐，体验到幸福。他们非常享受被别人信赖着、理解着、支持着、鼓励着、感动着的感觉，并且希望能把自己的感受传递给更多的人（陶倩，2010）。“奉献”早已超出外在约束的范畴，成为他们活出青春的精彩，体现人生价值的自觉行动。“奉献是一种快乐”，这是世博志愿者日的主题词，也是大学生志愿者共同的心声，而且是志愿服务可持续发展的重要动力。

二、大学生志愿服务的范围

“志愿无小事”，不仅类似奥运、世博这样的大事件、大舞台，需要志愿服务，在人们的日常生活中，志愿服务的内容、形式也多种多样。到社区帮助病人、残疾人、弱智者、无生活能力的人和孤寡老人料理生活；到贫困的地区教那里的儿童、成人识字、读书、学习科学技术；到到公共场所、道路交通和赛会场馆等地，宣传文明行为规范，劝导不文明言行；为一些特殊人群提供特殊服务，如帮助酗酒者、吸毒者戒酒瘾、毒瘾；帮助刑满释放人员回归社会等。还有平整道路，宣传法律法规，普及科学知识，为大众辅导文体活动，维护社会治安，开展心理疏导与矫治，等。

大学生的志愿服务更是内容丰富、多姿多彩。一是平日里，利用课余时间，开展公益劳动（植树、修护校园花坛、义务理发、修小电器等）、同学间的互助、针对学校内外困难人群的爱心救助。二是利用周末、节日，面向社会开展各种各样有意义的义务服务和便民活动。如组织为周围社区修理自行车、家用电器，理发等。三是暑期组织学生到大中小企业、农村、革命老区、边远山区、经济特区参观访问、做社会调查，开展社会热点问题的调研，开展企业技术咨询、管理咨询、人员培训，提供科技、教育、医疗、文化方面的服务，开展扶贫接力计划、绿色希望行动、各种体育赛事服务，参与社会管理、文化建设、西部开发等。中国农业大学、南京农业大学、西北农林科技大学、华中农业大学等与革命老区建设发展促进会合作，组织百名博士研究生，以革命老区为重点，开展"百名博士老区行"专题调研、科技咨询培训与服务等活动，受到当地群众的欢迎。还可以走出国门，开展国际志愿服务。自 2002 年实施"中国青年志愿者海外服务计划"以来，已有数百名青年志愿者分赴亚洲、非洲、拉丁美洲 20 多个发展中国家开展志愿服务。为当地提供沼气开发、计算机教学、中文教育、信息技术、医疗卫生、农业技术推广等方面的志愿服务工作，在国际志愿服务舞台上大展现中国青年的风采，表现中国青年投身国际志愿者服务的良好精神面貌。

三、建立志愿服务的社会机制

美国大学生几乎人人做义工，因为按照相关规定，不参加志愿服务活动不得毕业；服务时间不足的大学生很难找到理想的工作岗位。因此，积极参加志愿服务已成为美国国民性格的一个重要特征。越来越多的高校把学生的志愿服务活动与课程标准、毕业要求结合起来。

1. 形成公民投身志愿服务的社会氛围

传统教育过于强调公民的义务意识，人们把社会参与当作和履行道德义务，公民参与的热情不高。现代教育理念下的公共参与既是义务，更是一种公民的权利——在参与中自由表达自己的意愿，行使公民的权利。志愿服务作为一种强调公民自愿性的社会参与，为公民奉献爱心、服务社会提供了机会，也为公民自主表达权利提供了机会。随着公民教育中现代公民理念的不断引入，公民权利意识的觉醒和普及，将大大激发大学生的参与热情，从而实现"人人参与志愿服务、人人享受志愿服务"的全民参与格局。要在全社会形成"志愿服务光荣、志愿者可敬"的风尚，弘扬志愿精神和理念，营造良好的舆论氛围，引导更多的大学生加入志愿者行列。

2. 加强专业化培训，建立志愿者培训机制

从事志愿服务，仅仅有爱心、有志愿服务的态度是不够的，还必须具备与所服务岗位相符的专业知识和技能。不同服务领域、不同服务对象，对志愿者都有不同的知识和技能

的要求；志愿者的公民素质、公民能力决定了公民参与志愿服务的水平和质量。而大学生参与志愿服务活动，也不再满足于能够为社会、他人提供服务，更希望从中得到充实和提高。对志愿者而言，应努力学习，使自身具备志愿服务所要求的知识和能力，以便更好地为社会、他人提供服务；对社会及志愿服务的组织者来说，则必须加强对志愿者的专业化培训，使志愿者得到专业指导，学习、掌握服务知识和技巧，提高服务水平和社会能力，如自我认知能力、社会适应能力、交往沟通能力、学习能力、创新能力，发展良好个性。而有专业培训的志愿服务也就有了质量、水平的保障。这样的志愿服务可激发和维持大学生志愿者的兴趣和热情。而公民能力的发展、视野的开拓必将带动志愿服务在深度和广度的发展，充实志愿服务内涵和拓宽志愿服务领域。保证志愿服务发展的科学性、可持续性。

3. 建立志愿者档案库，完善志愿者评估激励机制

志愿者档案库可按照组织活动项目将大学生志愿者的综合素质、专业、爱好、特长，志愿服务的范围和类型，参加志愿服务的具体情况及表现等归类存档，并适时维护和更新。建立“志愿服务储蓄”制度，把提供志愿服务与优先享受志愿服务结合起来，为志愿者设立志愿服务的“特殊账户”，把志愿者参加服务的时间（与服务质量、实效挂钩）记录储存起来，在志愿者自身需要社会提供帮助的时候，可以优先得到相应时间的志愿服务。通过制定在全国高校甚至全社会具有普遍通用性的政策法规，把每个志愿者的公共服务业绩一一记录在志愿者档案库中，在将来必要或恰当的时候，由社会对做过志愿者的人提供应有的回报。这能让志愿者自己看到服务成绩，鼓励他们多做贡献；同时也代表着被服务者和社会对志愿服务的一种认可，是对志愿者荣誉的确认。建立人性化的志愿者激励机制，如志愿服务认证制度、志愿服务评估制度、志愿者表彰奖励制度，以激发志愿者的热情、满足志愿者实现自我需要。志愿者组织内部也可有自己的规章制度，用来规范志愿者组织活动。美国规范志愿者组织活动有两本教材：《志愿者手册》和《领导技巧》，分别对志愿者和志愿者组织领导人提出明确而具体的要求，并规定了各自的责任和义务。

4. 构建青年志愿服务“品牌服务链”

有学者（祝西冰，2009）针对志愿服务的社会知名度低、参与渠道和服务绩效不甚明显的特点，提出构建青年志愿服务“品牌服务链”，建立有效的运营机制与监督机制，提升服务品质，扩大社会影响力。第一，应培养一支庞大的社会工作队伍，以便使志愿服务的招募、培训、服务计划、服务实施、督导、服务成效的评估更科学、有效。第二，发挥青年志愿者中大学生的主力作用，充分挖掘青年人力资源的潜能，并形成自发开展服务的动力，保证青年志愿服务的高品质与持续发展，使青年志愿服务的价值得到充分体现。第三，服务链的建构需要国家政策和财政的支持，以保证“服务链”的有效运行。

第四节　积极心理教育

我们的大学究竟需要培养什么样的人呢？一个有灵魂、有头脑、有专长的人。“有灵魂”，意味着有自己立身行事的准则，而不是随波逐流、人云亦云，意味着能够有所执着、有所崇奉、有所敬畏、有所依傍。“有头脑”，意味着才智清明、多谋善断，意味着有眼光、有韬略。“有专长”，意味着学有专长，能以某种专长服务于社会，实现自我的价值。现代教育思想认为，学校教育不仅应当满足学生在知识、技能上的渴望，而且应当关心他们在现实和未来中所遇到的困惑和苦恼，赋予他们成长和适应社会的方法、技巧。早在20世纪80年代末期，教育界、心理学界，就“心育”问题展开广泛的讨论和深入的研究。提出，应与其他“五育”并举；或在各育之中渗透“心育”的内容；或把德育、智育、体育、美育、劳动教育包含在“心育”之中。

《中国普通高等学校德育大纲（试行）》（1995）明确指出，要把心理健康教育作为高等学校德育的重要组成部分。大学生应具备良好的个性心理品质和自尊、自爱、自律、自强的优良品格，具有较强的心理调适能力。《中共中央国务院关于深化教育改革全面推进素质教育的决定》（1999）进一步强调，在全面推进素质教育工作中，必须更加重视德育工作，加强学生的心理健康教育。国家教育部在有关学生素质评估文件中，已把心理健康作为一项重要指标。2001年4月，又颁布了《教育部关于加强普通高等学校大学生心理健康教育工作的意见》，对开展大学生心理健康教育工作提出具体的指导性意见。于是，大学生心理健康教育随即展开，如今已走过了20年的路程。但人们对心理学的认识，对心理健康教育的认识，基本停留在心理咨询和心理治疗方面。甚至误认为心理学就是研究心理障碍和心理疾病的科学。虽然这些年高校心理健康教育工作取得了不小的成绩，但似乎作用不是很大，学生的认可度不是很高。从事心理学教育和心理咨询工作的老师也感觉“力不从心”。

一些高校的心理健康教育一般是被动地“等”学生上门（找心理咨询老师），出了问题多采取“堵”的方式。“亡羊补牢”虽然“为时不晚”，但可否有预警机制，能防患于未然？能否发挥学生个人内在的积极因素，学会自我调适？这正是积极心理学提倡的，也是积极心理教育应当遵循的。

第一，将视角由“问题”转向“优势”。无论是心理健康教育课，还是心理辅导讲座，不能使学生感觉“心理问题”人人有、时时有、处处有。心理学专家成了“消防员”，心理咨询室成了“精神垃圾站”。这些都是对心理学的误解，对心理健康教育的误解。多元文化带来人们选择机会的增加，副作用是选择中的困惑更多，势必产生各种矛盾和烦恼。大学生面临学习、交往、毕业后的求职等，也会产生这样那样的问题，但这是成长中必须经历的。“不经风雨怎见彩虹”？即便出现问题，也要相信个人的内在力量，如同人自身有对疾病的免疫力，人的心理也可以“免疫”。大学生更应当具备自我成长的能力。

积极心理学相信人自身具备抵抗障碍的倾向和潜能，每个人都可以利用自己的积极因素进行“自我修复”。而心理健康教育、心理疏导只起“调动”这些积极因素的作用。

第二，将重点由“维护健康”转向“体验幸福”。维护健康好比“不生病”，说的是生命的长度，生活的数量；健康是人类赖以生存和发展的基本条件之一，也是旺盛生命力的重要标志。体验幸福是“身体棒”，说的是生命的宽度、生活的质量，也是人们追求的目标。

积极心理学把积极体验表述为一个个体满意地回忆过去、幸福和从容不迫地感受现在并对未来充满希望的一种心理状态。个体的积极体验包括感官上的愉悦和心理上的享受。前者是满足机体自身张力（如饥渴、性的需要），保持某种生理或心理上的自我平衡时产生的积极体验。后者是个体打破自己固有的某种自我平衡，超越自身的原有状态后产生的一种体验，如打破一项记录、取得出乎意料的成就、攻克一个难关等。尽管心理享受更具社会价值和个人意义，更利于个体成长、身心健康和幸福感的产生，但当现实中必须作出选择时，人们会放弃心理享受而选择感官愉悦。如都知道玩电游、网聊只能带来一时的快乐（而且有可能因此而影响学业、影响心理享受的产生），仍不愿安心读书、努力学习获得成功。因此，公民教育在积极人格培养中也不忽视个体的感官愉悦。通过改革，使公民教育的内容、方式更具吸引力，以感官的愉悦促进个体享受类积极体验的获得，继而自觉、自愿地接受公民教育，获得公民知识，产生公民意识，形成公民素养。

第三，将重心由单纯的情感体验转向积极情感与积极认知并重。心理学认为，影响人的心态的通常不是事物本身，而是我们对事物的不同认识。积极心态需要对事物的积极评价。比如，曾经风靡一时的网络“偷菜”，让不少的人享受这种虚拟世界的“自欺欺人”。有的人从偷菜中获得“乐趣”，因是虚拟，可以不为自己的行为负责。有的人将“偷”来的东西放在网上卖，也因此而“致富”（有人把“偷”得的别墅，在网上变卖——当然也是虚拟的），更加乐此不疲。其结果，半夜偷菜，白天打瞌睡，工作没劲，学习打不起精神；有的干脆辞职不做，专门在虚拟世界中过日子。人们担心，长此以往怎么得了？沉迷于偷菜游戏的人，自然有各自的问题。但从积极方面看，有人从虚拟中产生了对种菜的兴趣，开始“租”一块地，在现实中过一把瘾；有人从中得到启示，开发了用无土或少土种植蔬菜的技术，使人们可以利用阳台和其他小小的空间、在城市的“水泥森林”中布置一片片“绿色”。媒体能从积极方面引导人的认知，让公民看到世界的美好，并逐渐地学会从积极方面看待、评价事物，自觉地从我做起，这个社会将朝着人们希望的积极方向发展。

第四，重视积极意志品质的培养。今天的世界，诱惑很多。能否坚持做应当做和将在做的事情坚持到底，常常决定了一个人的成败。人与人之间，先天的差异不大，机遇也差不多。后来拉开了距离，与个人的品质有很大关系。谁能英勇顽强，坚持不懈，又能根据事物的变化及时调整自己的行动；遇事三思而行，又机智果断，不失时机；不怕困难还能克服困难，他的成功概率就大得多。美国科学家曾经做过一项追踪研究：选取一些 4 岁儿童作被试，把他们分别单独带到同一个房间，拿出一颗糖果，并告之，如果能等到研究人员回来后再吃，可以再得到一颗糖果，否则，只能吃到这一颗糖果。观察被试的反应，有的当研究人员刚一离开，便迫不及待地把糖果放入口中；有的忍耐了一会儿，终于无法抵御糖果的诱惑，把它吃了；有的用各种办法，如玩游戏、唱歌、闭上眼睛等，一直坚持到研究人员 20 分钟后回来，得到了又一颗糖果的奖励。10 年后，这些被试者进入青春期，研究人员追踪发现，当年控制住自己行为的孩子，有较强的自信心和适应环境的能力，是值得信赖和受欢迎的人。另外那些孩子则表现出固执、承受力差等弱点。高中毕业考试，前者的成绩比后者平均高出 210 分（满分为 800 分）。这就是心理学所说的“延迟满足”，即是抑制欲望的及时满足。

如何实施积极心理教育？构建教师的积极力量、引领学生积极向上、创建积极的校园氛围都是学校积极心理教育的重要措施。最重要的是教师的观念和教学方式。

第一，是尊重学生人格，维护学生自尊。说到“尊重”，一个发生在美国纽约的故事可能对我们有启示：纽约的冬天经常会大雪封门。雪花不仅令人难以“睁眼”，甚至人在呼吸时，都会吸进雪水。这时，无论是政府机关还是其他机构、部门，都会“自动放假”。然而，一所小学却很少因此而停课。学校的校车会一如既往地开到学生家附近的路上，接送孩子。老师们自然也无一例外地冒雪前往学校。最初，学生家长会怒气冲冲地给学校打电话兴师问罪——为什么在这样的天气还让孩子们上学？得到的答复都是一样的：这是一所公立学校，有些学生家庭困难，冬天可能没有条件取暖，而且也难以保障孩子健康成长所需的营养和食物。学校会给每个孩子提供营养丰富的午餐，如有剩余，孩子们还可带回家当晚餐。如果停课，这些孩子就可能挨冻、挨饿。家长们说，那就让那些孩子们去学校吧，我们孩子省下的午餐还可以“帮助”困难孩子。校方说，那样的话，困难的孩子会感觉到自己在接受救济，那会伤了他们的自尊，而施善的最高境界就是保持受施者的尊严！凡是听了这些话的家长，都满怀愧疚地道歉，并心甘情愿地把孩子送上校车。

我们对贫困学生的资助、救济形式多样、金额也不低，效果却不好。人们常常抱怨这些学生不懂得“感恩”，有的还认为理所当然，还主动索取救助。是不是与我们的做法未能保持他们的尊严有关？

第二，相信大学生的能力，启发他们自我领悟。有一位教师在教学中，紧扣教材，运用道德两难法，提高学生的道德判断能力。他运用了这样一个案例：一天深夜，某大学的图书馆被突如其来的一场大火毁于一旦。学校上下痛心疾首、无计可施。此时，一名学生被推到了道德两难选择中。事情是这样的：这个学生违反图书馆的规则，偷偷地把一本书“带”了出来，原本想等自己看完了再神不知鬼不觉地“还”回去。可是，一场大火，这本书成为图书馆唯一的“幸存”。是主动归还，还是将其据为己有？

教师启发学生思考：“如果你是那个学生，会作出怎样的选择？”并讨论分析两种选择的可能后果。大家的结论是：据为己有，虽然可以逃避学校的处罚，但可能内心一辈子都不得安宁；如果为了不受良心的谴责，主动归还，那么，违反图书管理规定的事情就会败露，就可能受到学校的处罚。

故事继续向下发展：

这个学生在经历了激励的自我心理交锋后，终于怀着忐忑的心，向校长说明了情况，并将图书郑重地交还学校。

此时，校长也面临道德两难问题：表扬学生，是对校规的破坏，对学生的违规行为也是一种“放纵”；批评、处理学生，会不会暗示讲“诚信”“说真话”行为会付出代价，进而会“鼓励”学生的不诚信行为。

故事的结尾是：

校长首先感谢学生很诚实地把图书返还了学校。校长很赞赏这个学生的态度，但是不得不遗憾地表示要开除这个学生，因为他违反了校规，校长要为学校制度负责。

这个故事发生在 1764 年的哈佛大学。校长的话成为哈佛的办学理念之一：让校规看守哈佛的一切，比道德看守哈佛的一切更为完全有效。

教学过程到此暂时告一段落。但学生仍有不小的疑惑：校长的做法维护了学校的制度，可是，总让人心里不很舒服，感觉那个说真话的学生有些“亏”。于是，教育者还得让故事继续：那个学生虽然被开除了，但他对自己的错误有了明确的认识，成为践行哈佛精神的优秀代表。第二年，他考取了哥伦比亚大学专攻法理学，以优异的成绩毕业后成为著名的律师。这个实例说明，一个人在一生之中不可能是一帆风顺的，遭遇挫折时到底应该怎样面对？是一蹶不振、怨天尤人，还是奋发图强？这个学生的所作所为值得我们思考。

第三，教学生掌握积极的自我心理调节技术。大学生日常生活中不顺心的事时有发生，如考试的失利、友谊的丧失、失恋、遭人嫉妒或误会、所学专业非兴趣所在，以及生理条件、家庭出身、经济状况等都可能引起焦虑、愤怒、忧郁、悲观等不良情绪。倘若长期积压，便可能出现情绪障碍或心理变态，应及时疏导、调节。一方面培养大学生积极健康的情绪，正确评价自己，欣然地接纳自己，喜欢、爱惜自己；“不以物喜，不以己悲”；不怨天尤人，不自寻烦恼。另一方面，学会调节自己的情绪。心理疏导只是帮助大学生解决心理问题的一种方式。身心健康要靠自己去维护。大学生公民教育应教给大学生自我心理保健的技术和方法。具体有以下几种。

第一，回避转移法。离开那些引起不愉快情绪和冲动的情境，或把消极情绪转移到有益的活动中去。常言说得：“好眼不见心不烦。”当双方为某件事争执不休、各不相让时，最好一方或双方暂时回避一下，等到冷静下来能心平气和地谈问题时，再一起协商解决。

第二，理喻反向法。援引合理的理由和事实对学习、工作、生活中的失败作出解释，或者从相反的方向思考问题，克服自卑、抑郁心理。有时，“酸葡萄心理”和“甜柠檬心理”也有可取之处。珍惜自己已经得到的，因为这对你可能是最好的。不对失去的或未得到的恋恋不舍，耿耿于怀。从另一方面讲，“塞翁失马，焉知非福”，相处多年的男友移情别恋，这对当事人自然是一个沉重的打击，可也是件好事，总比婚后出现这种情况好得多。

第三，内却隐抑法。感情冲动时，不急于解决问题，不妨拖一段时间，等自己冷静下来后再解决。当出现某些不健康动机、欲望的苗头时，如嫉妒、报复、轻生等，趁意识未完全清醒，将它压下去，最好能铲除，以免一时糊涂造成不良后果。

第四，自我暗示法。以一种积极向上的思想、语言不断地提醒自己，克服悲观、沮丧和恐惧不安的情绪，不仅可令人精神振奋，也有利于身体健康。1948 年，社会学家默顿提出“预言实现原则”。认为人们具有一种自动促使预言实现的倾向。实际就是自我暗示的作用。不妨经常给自己这样的暗示：“我能行。”

第五，补偿升华法。由于生理上有缺陷（残疾、矮小、相貌不佳）、学习成绩差、犯过错误而心理受挫时，要勇敢地面对现实。“东方不亮西方亮”“失之东隅，收之桑榆”，用其他方面的成功，弥补自身的不足或失败，减轻不适感。某些直接表达可能产生不良影响的动机、欲望，可将它们导向符合社会规范的方面，使之有利于社会和自己，这就是升华。比如，把对比自己强的同学嫉妒转为努力，超过对手。在达到了内心平衡的同时，也创造了积极和价值。

第六，宣泄放松法。“大雨过后有晴空”，把积压在心中的悲伤、怨气、委曲等消极情绪全部释放出来。或大声喊叫，或拼命工作，或在操场跑步，或向信赖的老师、同学、好友倾诉，痛痛快快地哭一场，使自己的情绪慢慢地平静下来。笑是一种人生的态度，也是促进身心健康的方法。哭，同样有益于身心健康。在哭的过程中，体内的一些毒素随着眼泪排出体外，身体得病的可能性减少；内心的苦楚在哭声中宣泄，心理压力得以缓解，心理健康有了保障。莫因“男儿有泪不轻弹”而束缚自己，伤心之时，完全可以，而且应该大胆地“哭一场”。

以上心理保健技术和方法，实际上都是积极的心理防卫措施。其中援引某些理由减少失败、过失带来的不良情绪，并非为自己开脱；否认某些不愉快事件的发生，也不是把错误一笔勾销，而是减轻痛苦、内疚的方式。通过主体积极的自我心理调节，达到消除心理障碍、维护心理健康的目的。

青年期的发展是自我发现、自我意识形成和人格再造构成的时期，是从不承担社会责任到以社会角色出现并承担社会责任的时期。在这个时期，他们要经历复杂而艰难的同一性确定和社会生活的选择。这种确立和选择需要一个过程，因此他们有一种避免同一性过程提前完结的内在需要，而社会也给予青年暂缓履行成人责任和义务的机会——读大学、研究生，这个时期可以成为青年对社会的“延缓偿付期”。这是一种社会的延缓，也是一种心理上的延缓，所以也称“心理的延缓偿付期”。积极心理教育有助于大学生顺利渡过这个时期，逐步走向成熟。

至于心理健康教育的具体措施和方法，心理学的研究者和实际工作者都有极其精到，且行之有效的论述和做法，如“同辈调停”“希望”激励等，不再赘述。

参考文献

[1] 高平叔 . 蔡元培教育论集 [M]. 长沙：湖南教育出版社，2015.

[2] 曹日昌 . 普通心理学 [M]. 北京：人民教育出版社，2010 .

[3] 蔡晓良，吴智灵 . 论公民意识教育的几个基本理论问题：基于政治哲学的思考 [J]. 思想教育研究，2010（17）：28-33.

[4] 陈联俊 . 关于“公民意识”的几个基本问题 [J]. 辽宁大学学报（哲学社会科学版），2010，38（06）：56-61.

[5] 成有信 . 公民・公民素养・公民教育 [J]. 北京师范大学学报（社会科学版），1996（05）：76-80.

[6] 迟凤云，张鸿燕 . 当代俄罗斯公民教育的特点及启示 [J]. 外国教育研究，2007（11）：36-39.

[7] 丁林 . 大学生的公民意识教育 [J]. 教育，2009（05）：56-57.

[8] 范国睿 . 欧美主要国家的学校公民教育：基于教育政策的分析 [J]. 教育发展研究，2006（06）：73-80.

[9] 费孝通 . 费孝通论文化与文化自觉 [M]. 北京：群言出版社，2007.

[10] 冯建军 . 古典共和主义公民身份与公民教育 [J]. 高等教育研究，2013，34（06）：9-16.

[11] 付轶男 . 现代化进程中公民教育与道德教育的关系 [J]. 外国教育研究，2009，36（06）：25-30.

[12] 高峰 . 公民・公民教育・思想政治教育 [J]. 东北师大学报，2002（04）：40-47.

[13] 葛荃，韩玲梅 . 从政治教育到公民教育：政治文明与人的发展刍议 [J]. 理论与现代化，2003（01）：53-58.